KLARTEXT

Unser NRW

Reiseführer
zu Kultur- und Naturdenkmälern
in Nordrhein-Westfalen

Sieger- und Sauerland

IMPRESSUM

1. Auflage September 2011

Konzept: Martina Grote
Redaktion: Winfried Raffel (Leitung), Bettina Schneider, Anica Bömke
Texte: Klartext Verlag, Essen, Cyrano Kommunikation, Münster, Dr. Ralf J. Günther, Ulrike Karn, Dr. Günter Matzke-Hajek
Satz und Layout: Schacht 11, Essen

Titelfotos: Bernd Hegert (Handwerkerdorf, Rüthen), Lars Langemeier (Naturschutzgebiet „Glockengrund", Marsberg), Werner Stapelfeldt (Dechenhöhle, Iserlohn), Stefan Ziese (Heimathaus, Drolshagen)
Umschlaggestaltung: Volker Pecher, Essen
Druck und Bindung: Griebsch & Rochol Druck, Hamm

ISBN 978-3-8375-0624-2
www.klartext-verlag.de

INHALT

Impressum 4
Vorwort 8

RUND UM DIE SOESTER BÖRDE: EIN ELEFANT AUF FRUCHTBAREM BODEN

1 Grünsandsteinmuseum 14
2 Landschaftsinformationszentrum Wasser und Wald 18
3 Haus Stockebrand 21
4 Freilichtbühne Hamm-Heessen 23
5 Gustav-Lübcke-Museum 25
6 Lippeaue 28
7 Zachariassee 32
8 Schäferkämper Wassermühle 34
9 Hexenturm Rüthen 35
10 Handwerkerdorf Rüthen 38
11 Kalkofen Warstein 40

HOCHSAUERLAND: WANDERER, KOMMST DU INS SAUERLAND

1 Glockengrund 46
2 Kloster Bredelar 48
3 Haus Hövener 50
4 Armillarsphäre 52
5 Pastoren-Scheune 55
6 Nuhnewiesen 57
7 Borgs Scheune 61
8 Besteckfabrik Hesse 62
9 Feuerwehrmuseum Arnsberg 65
10 Sägemühle Remblinghausen 68

RUND UM ISERLOHN: WÄLDER, HÖHLEN, DRAHT-GESCHICHTEN

1 Dechenhöhle 78
2 Fabrikanlage Maste 82
3 Apricke 84
4 Heinrichshöhle 88
5 Karnevalsmuseum, Poenigenturm und Schmarotzerhaus in Menden 90
6 Hochofen Luisenhütte 95
7 Balver Höhle 98
8 Burg Altena 100

RUND UM LÜDENSCHEID: KNÖPFE, LICHT UND SPIELZEUGAUTOS

1 Standortübungsplatz Stilleking 110
2 Schützenhalle Lüdenscheid 113
3 Heesfelder Mühle 116
4 Sauerländer Kleinbahn 120
5 Robert-Kolb-Turm 122
6 Schleiper Hammer 124
7 Bakelit-Museum 126
8 Historische Brennerei Rönsahl 129
9 Schlüsen-Lehrpfad 130
10 Gasthof Bone 132
11 Wendener Hütte 134

RUND UM SIEGEN: VON RUBENS-FIGUREN UND PILZKÖPFEN

1 Haubergköhlerei 142
2 Technikmuseum 146
3 Bos Hus 149
4 Haus Henrichs 151
5 Wodanstolln 152
6 Besuch in Burbach 156
7 Wiesenlehrpfad Wetterbachtal 162
8 Buchheller Quellgebiet 164
9 Beckersch Huss Bürbach 166

SÜDLICHES ROTHAARGEBIRGE: AUF DEM WEG DER SINNE

1 Forsthaus Hohenroth 172
2 Die weiteren Aussichten 179
3 Rhein-Weser-Turm 182
4 Gutshof Schrabben 184
5 Schachtanlage Sicilia 187
6 Heimatstube Diedenshausen 189
7 Bald'sche Schmiede 190

ANHANG

Bildnachweis 192

HALLO KINDER!

Ich bin Nicki Nuss, das Maskottchen der NRW-Stiftung. Ich bin wohl das einzige Eichhörnchen, das gerne reist. Meine Artgenossen bleiben eigentlich lieber zu Hause an einem festen Platz im Wald. Zusammen mit meinen Freunden Nina und Klaus, dem Frosch, reise ich im Auftrag der Nordrhein-Westfalen-Stiftung durch ganz NRW. Wir besuchen Schlösser und Burgen, erkunden dunkle Höhlen und durchstreifen tiefe Wälder. Auf meiner Internetseite www.nrw-entdecken.de könnt ihr uns auf dem Streifzug durch Nordrhein-Westfalen begleiten. Ihr werdet sehen, es ist ganz schön spannend hier. Zu allen Ausflügen im Buch, bei denen ihr mich entdeckt, könnt ihr euch Rätselfragen, Rallyes oder Bastel-Tipps von meiner Internetseite herunterladen. Natürlich erfahrt ihr auch, was Nina, Klaus und ich schon alles erlebt haben. Außerdem findet ihr auf www.nrw-entdecken.de Videos, Spiele und Experimente mit Schritt-für-Schritt-Anleitung.
So wird euer Ausflug doppelt spannend.

Viel Spaß beim Entdecken!

Nicki Nuss

LIEBE LESERINNEN, LIEBE LESER,

die Dechenhöhle in Iserlohn, die Freilichtbühne in Hamm-Heessen oder Burg Altena – diese Ausflugsziele sind den meisten Menschen in der Region und auch vielen Besuchern bekannt. Aber kennen Sie auch das Naturerlebnisgebiet Hemer-Apricke? Das Feuerwehrmuseum in Arnsberg? Die Besteckfabrik Hesse in Schmallenberg oder den Hexenturm in Rüthen?

Manche in diesem Band beschriebenen Museen stehen den Besuchern täglich offen. Andere haben nur am Wochenende oder nach telefonischer Anmeldung geöffnet. Die in diesem Reiseführer beschriebenen Ausflugsziele haben aber eines gemeinsam: Es sind Natur- und Kulturprojekte der Nordrhein-Westfalen-Stiftung Naturschutz, Heimat- und Kulturpflege. Seit 1986 unterstützt sie landesweit ehrenamtliche Vereine und gemeinnützige Einrichtungen, die sich mit Herz und Hingabe für die Naturschönheiten und Kulturschätze des Landes einsetzen. Es lohnt sich, vor der eigenen Haustür, aber auch in den anderen Regionen dieses schönen Landes einmal nachzuspüren, was mithilfe der NRW-Stiftung und ihrer Partner auf den Weg gebracht werden konnte. Gerne können Sie auch ganz persönlich „schützen, was Sie lieben", als Mitglied im Förderverein der NRW-Stiftung.

Der Band Sieger- und Sauerland ist Teil einer achtbändigen Buchreihe, die zum 25. Geburtstag der NRW-Stiftung erschienen ist. Wer die vielen spannenden Facetten aus allen Regionen unserer Heimat Nordrhein-Westfalen entdecken möchte, der sollte sich auch die anderen Bände nicht entgehen lassen.

Ihre NRW-Stiftung

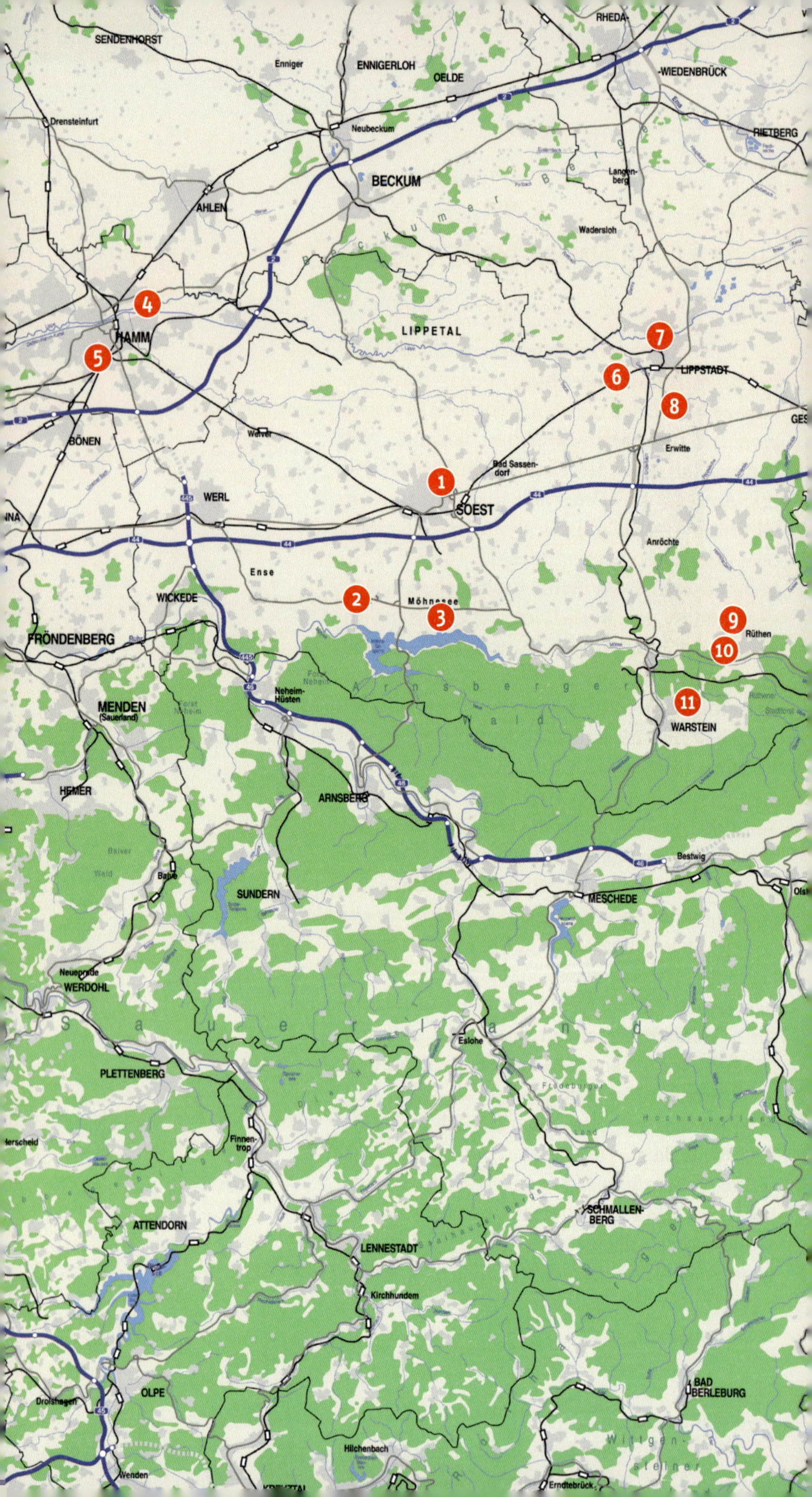
SENDENHORST
Enniger
ENNIGERLOH
OELDE
RHEDA-
WIEDENBRÜCK
RIETBERG
Drensteinfurt
Neubeckum
BECKUM
Langenberg
AHLEN
Beckumer Berge
Wadersloh
LIPPETAL
HAMM
LIPPSTADT
BÖNEN
Welver
Erwitte
Bad Sassendorf
WERL
SOEST
Anröchte
Ense
WICKEDE
Möhnesee
Rüthen
FRÖNDENBERG
Neheim-Hüsten
Arnsberger Wald
MENDEN (Sauerland)
WARSTEIN
HEMER
ARNSBERG
Bestwig
Balve
SUNDERN
MESCHEDE
Neuenrade
WERDOHL
Sauerland
Eslohe
PLETTENBERG
Finnentrop
SCHMALLENBERG
ATTENDORN
LENNESTADT
Kirchhundem
BAD BERLEBURG
Drolshagen
OLPE
Hilchenbach
Wenden
Erndtebrück
1
2
3
4
5
6
7
8
9
10
11

RUND UM DIE SOESTER BÖRDE

EIN ELEFANT AUF FRUCHTBAREM BODEN

Es ist fast wie im amerikanischen Roadmovie: Schnurgerade schneidet der Asphalt durch die weite Landschaft. Nur dass links und rechts des Weges weder Wüste noch karge Felslandschaften auszumachen sind. Sondern guter westfälischer Ackerboden. Kein Hügel, der das Land wellt, selten nur Wald, der den Blick begrenzt: Die Soester Börde gehört landschaftlich nicht unbedingt zu den spektakulärsten Regionen Deutschlands. Dafür aber zu den fruchtbarsten. Hier in der Mitte Nordrhein-Westfalens – zwischen dem Sauerland im Süden und dem Münsterland im Norden – gedeihen Getreide, aber auch Zuckerrüben und Gemüse in Hülle und Fülle. Und hier wurde – gewissermaßen im Vorbeifahren – Geschichte geschrieben. Denn der Westfälische

Bild oben:
Radtour am Möhnesee.

Hellweg, jene historische Verbindung zwischen Duisburg und Paderborn, dessen Ursprünge bis in die vorrömisch-germanische Zeit reichen, war Teil einer der bedeutendsten Fernhandelsstraßen des Mittelalters. Ein Highway der Ritterzeit, auf dem Salz, Eisenwaren, Stoffe und Gewürze quer durch Europa transportiert wurden. Orte wie Unna, Werl oder Soest, die damals rund eine Tagesreise voneinander entfernt lagen, verdanken dem Hellweg ihre Bedeutung als wichtige Handelsstädte.

Die Petrikirche in Soest.

Heute folgt die alte Bundestraße 1 dem Verlauf des historischen Hellwegs, und die Reisezeiten sind deutlich geschrumpft. Wer Werl auf der B1 Richtung Osten verlässt, erblickt schon bald die Türme jener Stadt, die dem Land jenseits ihrer Mauern den Namen gab. Der alte Schutzwall von Soest ist übrigens nahezu vollständig erhalten geblieben, und die einstige Hansestadt bei einem Spaziergang auf der alten Mauer zu umrunden ist vielleicht die schönste Art der Stadterkundung. Noch heute wirkt es, als müsse das trutzige Mauerwerk einen wertvollen Schatz hüten. Tatsächlich ist die 50.000-Einwohner-Stadt mit ihren rund 600 denkmalgeschützten Gebäuden, ihren Kopfsteinpflastergassen und den gepflegten Altstadtgärten ein wahres Schmuckkästchen. Nicht nur die alte Stadtmauer kündet von der mehr als 1100-jährigen Geschichte, sondern auch die vielen Kirchen, deren Türme die liebevoll restaurierte Fachwerk-Altstadt überragen. Die Wiesenkirche aus dem frühen 14. Jahrhundert etwa gehört zu den schönsten spätgotischen Hallenkirchen Deutschlands. Und der mächtige, 80 Meter hohe Turm des St.-Patrokli-Doms mitten in der Innenstadt wird oft sogar als der schönste romanische Turm Deutschlands bezeichnet. St. Petri wiederum trägt ihren Beinamen „Alde Kerke“ nicht umsonst. Eine erste Kirche wurde hier Ende des 8. Jahrhunderts errichtet – eine der ältesten Kirchengründungen Westfalens.

Sehr beliebt sind in Soest die Allerheiligen-Kirmes und der „Bördetag“ im Mai. Die Altstadt

lockt dann mit Musik, Kultur, Unterhaltung und kulinarischen Genüssen und zieht Besucher aus dem gesamten Umland an.
Auch das nahe Lippstadt, mit rund 67.000 Einwohnern wesentlich größer als die Kreisstadt Soest, lohnt einen Abstecher – nicht nur wegen der idyllischen Wasserläufe, die der Stadt an der Lippe den Titel „Venedig Westfalens" einbrachten. Kunstvoll verzierte Fachwerkhäuser, das historische Rathaus und die fast 800 Jahre alte evangelische Marienkirche bilden die Kulisse für einen gemütlichen Bummel durch die Innenstadt mit ihrer großzügigen Fußgängerzone. Und wie in Soest lässt sich auch in Lippstadt eine Shopping- oder Besichtigungstour jederzeit in einem der vielen Restaurants, Straßencafés oder einer der Gaststätten unterbrechen.
Ein besonderer Schatz der Soester Börde liegt tief unten in der Erde verborgen. Heiße Thermalsole sprudelt in Bad Sassendorf, Bad Westernkotten und Bad Waldliesborn ans Tageslicht. Die Kombination aus moderner Wellness und klassischer Kur macht die drei Orte zu beliebten Ferienzielen für alle, die ihrem Körper Gutes tun wollen. Wasser spielt auch am südlichen Rand der Soester Börde eine wichtige Rolle. Der Möhnesee ist einer der größten Stauseen der Region. Das rund zehn Kilometer lange Gewässer dient unter anderem der Stromgewinnung und dem Hochwasserschutz und bildet gemeinsam mit dem angrenzenden Naturpark Arnsberger Wald ein wichtiges Erholungsgebiet für die Soester Börde und das nahe Ruhrgebiet.
Ein 35 Meter hoher Elefant aus Glas ist das Wahrzeichen Hamms. Die Stadt mit ihren 180.000 Einwohnern liegt nordwestlich der Soester Börde. Der Elefant wurde 1984 für die Landesgartenschau auf dem Gelände der Zeche Maximilian errichtet. Der Maiximilianpark ist nicht die einzige Sehenswürdigkeit Hamms. Zahlreiche Schlösser und die Innenstadt mit ihren historischen Gebäuden – wie etwa dem spätbarocken Bürgerhaus Vorschulze aus dem 18. Jahrhundert – machen einen Besuch lohnenswert.

Der „Elefant" im Maximilianpark Hamm.

1 GRÜNSANDSTEINMUSEUM

Städtisches Grün: In Soest grünt nicht nur die Vegetation, grün sind hier auch viele Mauern, Häuser und Kirchen. Das ungewöhnliche Kolorit stammt aus keinem Farbtopf, sondern es ist die natürliche Färbung eines einzigartigen Baumaterials: des Soester Grünsandsteins. Seit Herbst 2006 lässt sich die spannende „Spur der Steine" im Grünsandstein-Museum verfolgen.
„Unter diesen Gesprächen waren sie zu einem geräumigen Wiesenplatze gekommen, welcher aber gleichwohl noch innerhalb der Ringmauern der Stadt lag. Auf demselben erhob sich eine alte gotische Kirche, grün wie die Wiese." – Der Dichter Karl Immermann machte 1838 die Stadt Soest zu einem der Schauplätze seines satirischen Romans „Münchhausen". Er schilderte den Ort mit spitzer Feder als ein verschlafenes Nest voll „verwitterndem Gemäuer", in dem sogar die Bewohner „menschlichen Ruinen" glichen. Und dennoch beflügelte gerade Soest mit seinen großen mittelalterlichen Bauten nicht nur Immermanns Fantasie. Hatte die Stadt doch einst zu den mächtigsten Mitgliedern der Hanse gezählt und Mitte des 15. Jahrhunderts sogar den

Der Spur der Steine können Besucher des Grünsandsteinmuseums folgen.

unerhörten Schritt gewagt, sich von ihrem Stadtherrn, dem Kölner Erzbischof, loszusagen. Aus wohlerwogener Berechnung: Die Herzöge von Kleve-Mark hatten den Soestern mehr Freiheiten versprochen. Das war der Anlass zur berühmten „Soester Fehde“, die die Menschen zwischen Rhein und Weser fünf Jahre lang in Atem hielt. Soest widerstand seinen Feinden. Mehrfach hatten sie seine Mauern vergeblich belagert – Mauern von eigenartiger grünlicher Färbung. Dass es sich bei diesem Farbton um eine Laune der Natur handelte, die bis in die Zeit der Dinosaurier zurückreicht, davon konnte niemand etwas ahnen. Erst die moderne Wissenschaft brachte Licht in dieses vorzeitliche Dunkel.
Die Entstehungsgeschichte des Soester Sandsteins begann vor rund 90 Millionen Jahren. Damals bedeckte ein Meer große Teile Westfalens. In ihm wurden nach und nach sandige und schlammige Sedimente abgelagert, die sich allmählich zu Stein verfestigten. Für die grüne Farbe der Gesteinsschichten sorgte dabei ein besonderes Mineral, das „Glaukonit“.
„Glaukos“ ist der Name einer antiken Meeresgottheit, das griechische Wort bedeutet aber zugleich auch „bläulich glänzend“. Und tatsächlich wirkt Glaukonit blaugrün, wenn es viel Eisen enthält. Bei einem hohen Aluminiumgehalt hingegen sieht es eher gelblichgrün aus. Durch Verwitterung entstehen weitere Farbtöne, denn das Material wird dabei zu Brauneisen umgewandelt, wodurch sich die unregelmäßigen, fleckigen „Goldflächen“ bilden, die man an vielen Soester Mauern sehen kann. Streng wissenschaftlich betrachtet bestehen diese Mauern aus einem „sandhaltigen Glaukonitkalkstein“. Aber das darf man ruhig den Experten überlassen – wie etwa Jürgen Prigl, dem Dombaumeister an der Wiesen-Bauhütte.

Informationen

Das Grünsandstein-Museum Soest befindet sich ganz in der Nähe der Wiesenkirche in dem denkmalgeschützten früheren Scheunengebäude des ehemaligen Plange-Hofes:
Walburgerstraße 56
59494 Soest
Tel. 02921 / 150 11
www.gruensandsteinmuseum.de

Öffnungszeiten:
Mo-Sa 10-17 Uhr
So 14-17 Uhr

Kinder

www.nrw-entdecken.de

Die NRW-Stiftung half bei der Restaurierung und Einrichtung einer Fachwerkscheune auf dem Gelände der Dombauhütte der Soester Wiesenkirche als „Grünsandsteinmuseum“.

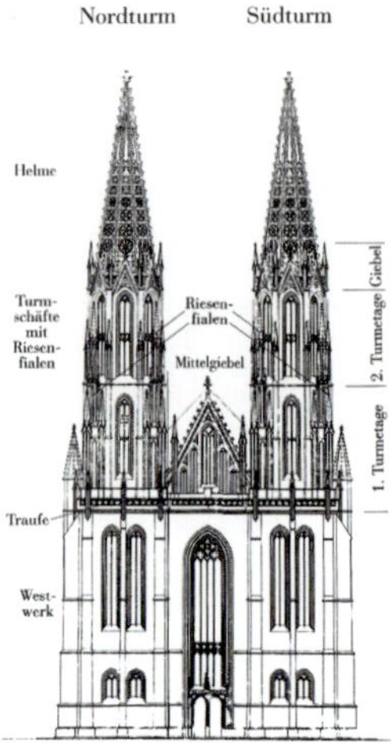

WESTANSICHT

Mit der Soester Kirche St. Maria zur Wiese ist Prigl einer der bedeutendsten Kirchenbauten Westfalens anvertraut. Wer hierhin kommt, sollte nicht versäumen, auch einen Blick auf das berühmte „westfälische Abendmahl“ zu werfen – ein Glasfenster aus dem 16. Jahrhundert. Doch schon am Außenbau fallen zwei Dinge ins Auge: die ungewöhnliche Farbe und die Gerüste der Restaurateure. Gibt es hier vielleicht deshalb so viel zu tun, weil der Grünsandstein als Baumaterial einfach zu „mürbe“ ist, wie es schon Karl Immermann andeutete: „Teils war schon die Farbe des Sandsteins, wie sie bezeichnet worden, äußerst eigen; teils aber hatte auch die Natur ihr willkürliches Spiel mit dem lockeren und mürben Material getrieben, und in dem reichen Pfeiler- und Schnitzwerk, an den Kanten und Ecken durch Regenschlag und Nässe ganz neue Figurationen hervorgebracht.“ An dem Zitat ist etwas Wahres. Dennoch sind seitdem über 150 Jahre vergangen, und die Wiesenkirche steht immer noch. Prigl sieht die Dinge mit den Augen des Fachmanns. Wie bei anderen Materialien komme es auch beim Grünsandstein vor allem auf eine sachgerechte Behandlung an, erläutert der Dombaumeister. Insbesondere das Eindringen von Feuchtigkeit durch Ritzen und Spalten gilt es zu verhindern. Dann lässt sich der grüne Sandstein – außer in besonderen Problembereichen wie den Türmen – auch heute noch zur Erneuerung eines alten Bauwerks wie der Wiesenkirche einsetzen.

Das Modell der mittelalterlichen Baustelle „Wiesenkirche“.

Der Soester Dombauverein schlug zwei Fliegen mit einer Klappe, als er sich vor einigen Jahren eine alte Fachwerkscheune auf dem Gelände der Wiesen-Bauhütte zum Museumsstandort erkor. Dadurch schien nicht nur eine Erweiterung des Soester Kulturangebots möglich, gleichzeitig winkte der schon ziemlich maroden Scheune endlich Rettung. Die NRW-Stiftung griff dem zwar „steinreichen", aber deshalb noch lange nicht im Geld schwimmenden Verein unter die Arme. Schließlich ist der Grünsandstein ein einzigartiges Material, das nur im Raum rund um Soest – etwa zwischen Unna und Anröchte – ganze Stadt- und Ortsbilder nachhaltig prägt. Trotzdem – ein Museum für Steine, ist das nicht geradezu der Inbegriff der Trockenheit? Keineswegs. Das Museum ist zwar tatsächlich ein „Lapidarium", eine Steinsammlung, aber es bietet auch einen spannenden Rundgang durch die Erd- und Kulturgeschichte. Im Untergeschoss wird der Besucher mit der Geologie, den Fundorten und der heutigen Verwendung des Grünsandsteins bekannt gemacht. Eindrucksvoll sind vor allem die Zeugnisse für die maritime Herkunft des Steins: Es sind Haifischzähne, Ammoniten, Seeigel und viele andere Fossilien, die dem Museum von engagierten Hobbygeologen zur Verfügung gestellt wurden. Die beiden oberen Ausstellungsetagen konzentrieren sich hingegen auf Architektur und Steinmetztechniken. Hier lässt sich zusätzlich ein kurzer Film starten, der den Hintergrund der „steinernen Geschichte" auf verständliche Weise erzählt.

Nicht zuletzt für Kinder interessant ist das eindrucksvolle Modell der mittelalterlichen Baustelle „Wiesenkirche" im Dachgeschoss. Und da eine bestimmte Frage wohl nicht nur aus dem Kindermund unvermeidlich sein dürfte, sei hier abschließend gleich die Antwort gegeben: Nein, die Kirche hat den Namen nicht wegen ihrer grünen Farbe, mag er auch noch so gut dazu passen. Dieser Name geht vielmehr auf die ursprüngliche Geländesituation an ihrem Standort zurück: „St. Maria in pratis" – „St. Maria in den Wiesen".

Der Grünsandstein kommt auch aus dem Natursteinwerk Rinsche in Anröchte.

„Paderborn und Soest sind Städte, von denen jeder Reisende mit Entsetzen spricht. Ich teile diese Empfindungen nicht und bin mit Behagen durch diese verfallenen Straßen, altes Gemäuer, Sumpf, Grasflecke, Grünes gestrichen. In beiden Orten gibt es zwischen dem Wasser, Mauerwerk und Baumgewächs Plätze, die zum tiefsten Nachdenken auffordern."

Karl Leberecht Immermann

2 LANDSCHAFTSINFORMATIONS-ZENTRUM WASSER UND WALD

Anfassen, umdrehen, hinhören, beobachten, staunen, entdecken – das können Besucher im Landschaftsinformationszentrum Wasser und Wald Möhnesee. Überall wecken Informationen zu den Themen Wasser und Wald in Schubladen, unter Mikroskopen oder hinter kleinen Türen den Forscherdrang. Heimstatt des Zentrums ist die alte Günner Mühle in Möhnesee. Dort hat der Förderverein des Zentrums eine Ausstellung ins Leben gerufen, die die Natur der Möhneseeregion anschaulich dokumentiert.

Die Ausstellung ist so gestaltet, dass die Gäste auf Tuchfühlung mit der Natur gehen, selbst beobachten und entdecken. Und der geführte einstündige Rundgang durch die dreistöckige Mühle lohnt sich. „Wir möchten das Naturgeschehen darstellen und mit der Alltagserfahrung der Menschen verknüpfen", erläutert Kerstin Heim die pädagogischen Ziele des Landschafts-

informationszentrums, kurz Liz. „Denn nur auf diesem Weg“, ist die Biologin überzeugt, „lässt sich vermitteln, wie jeder zum Schutz unserer natürlichen Lebensgrundlage beitragen kann.“ Kerstin Heim hat die Ausstellung mitentwickelt und aufgebaut, als Leiterin führt sie die Gruppen durch die Ausstellung oder hinaus in die Natur. Denn auch Exkursionen rund um den Möhnsee oder in den Naturpark Arnsberger Wald sind Teil des umfangreichen Angebots des Liz.
Eine ganze Etage hat die Ausstellung der Möhnetalsperre, die nur einen Steinwurf von der Mühle entfernt liegt, gewidmet. Schon im Eingangsbereich erfahren die Gäste beispielsweise, warum die Möhnetalsperre erbaut wurde und welche Funktion sie für die Trinkwasserversorgung der Umgebung hat. Auch die Ökologie des Stausees wird erläutert: In einem Aquarium tummeln sich die typischen Bewohner wie Flusskrebse, Rotaugen oder Karpfen. Darüber hinaus gibt es praktische Tipps zum Thema Wassersparen.
Dass der Wald mehr als nur die Summe seiner

Das Liz ist in der Günner Mühle untergebracht, die 1913 erbaut wurde und mit ihren dicken Mauern als einziges Gebäude die Flutkatastrophe von 1943 überstand.

■ Mit Mitteln der NRW-Stiftung konnte das Landschafts-Informations-Zentrum eingerichtet und die Ausstellung aufgebaut werden.

Bäume ist, verdeutlicht die Waldausstellung im Dachgeschoss des Landschafts-Informations-Zentrums. Hier erfahren Besucher etwa, warum sich ausgerechnet der aus Ostasien stammende Sikahirsch im Arnsberger Wald ausgebreitet hat. Auch Insektenliebhaber kommen auf ihre Kosten: Zwei Ameisenkolonien versprechen ein krabbelndes Erlebnis. Darüber hinaus können Vogelliebhaber mit Hilfe einer Installation testen, ob sie die heimischen Vogelarten an den Stimmen erkennen.

Seit 1994 engagiert sich das Landschafts-Informations-Zentrum unter anderem mit der Vermittlung der vielschichtigen Inhalte für den Naturschutz in der Möhneseeregion. Und das Konzept unterstützen viele ehrenamtliche Mitarbeiter. In einem Förderverein haben sich neben dem Kreis Soest, dem Ruhrverband und der Schutzgemeinschaft Deutscher Wald auch Gaststätten und Privatleute zusammengeschlossen, die Führungen und Veranstaltungen des Zentrums betreuen.

Informationen

Landschaftsinformationszentrum Wasser und Wald Möhnesee e.V.
Brüningserstraße 2
59519 Möhnesee-Günne
Tel. 02924 / 84 11 0
www.liz.de

Öffnungszeiten:
Di-Fr 10-17 Uhr
Sa/So/Fei 14-18 Uhr

Kinder

- Kindergeburtstage
- Spezielle Angebote für Schulen

www.nrw-entdecken.de

3 HAUS STOCKEBRAND

Das Schicksal des etwa 200 Jahre alten Hauses schien 1998 besiegelt: Baufälligkeit machte eine Schließung notwendig, sogar über einen Abbruch wurde nachgedacht. Doch gemeinsam mit dem Kulturverein entschloss sich die Gemeinde Möhnesee, das Gebäude zu restaurieren. Seitdem ist das „Alte Fachwerkhaus Stockebrand“ im Ortsteil Körbecke eine beliebte Kultur- und Begegnungsstätte. Hier ist auch ein Zimmer eingerichtet, das an den lettischen Dichter und Maler Janis Jaunsudrabinš erinnert, der bis August 1962 in Körbecke am Südufer des Möhnesees lebte.

Mit dem Raum zu Ehren des Literaten erinnern die Mitglieder des Kulturvereins Möhnesee an den Schriftsteller, der in seinen impressionistischen autobiografischen Romanen, Dramen und Jugendbüchern auch die heimatliche Landschaft beschrieb. Ab 1948 lebte er im westfälischen Exil in einem Sommerhäuschen, zunächst sogar ohne Wasser und Strom. Bis zu seinem Tode am 28. August 1962 hat er am Möhnesee gewohnt – weil die Landschaft ihn an seine lettische Heimat erinnerte. Das schmucke Gebäude, in dem

das Jaunsudrabinš-Zimmer jetzt seinen Platz gefunden hat, nimmt im Gemeindeleben eine wichtige Rolle ein. Hier finden Ausstellungen, Lesungen und andere Veranstaltungen des Kulturvereins Möhnesee statt. Und wer sich „traut“, kann hier den Bund fürs Leben eingehen. Das Haus wurde in den Jahren 2000 und 2001 liebevoll restauriert. Der Fassade und den Innenräumen haben Restaurateure zu neuem Glanz verholfen. Dabei setzten die Denkmalschützer auf jahrhundertealte Bautechniken, um alles möglichst originalgetreu zu gestalten.
Das Dach bedecken Holzziegel mit Strohdocken, und der Giebel krümmt sich, so dass Vorbeigehende ihm sofort sein ehrwürdiges Alter ansehen können. Im Innenraum verlaufen Holzbalken an der Decke. Die Außenwände bestehen aus mehreren Schichten Lehm. Damit Besucher sich einen Einblick in die Mauertechnik verschaffen können, haben die Architekten im oberen Stockwerk ein Sichtfenster in die Wand eingebaut. Auf dem Flurfußboden im Erdgeschoss ist außerdem ein Teil des ursprünglichen Kieselbodens zu bewundern.
Wie wichtig den Bewohnern der Sauerland-Gemeinde ihr Fachwerkdenkmal ist, zeigt die Namensfindung für das sanierte Prunkstück. Gemeinde und Kulturverein riefen die Bevölkerung auf, über Vorschläge mitzubestimmen. Das Echo war groß, und der Name „Altes Fachwerkhaus Stockebrand“ war schnell gefunden: Er geht auf den letzten Besitzer des Hauses zurück, der Stockebrand hieß.

Informationen
Altes Fachwerkhaus
Stockebrand
Küerbiker Straße 3
59519 Möhnesee-
Körbecke
(neben dem Haus des
Gastes)

Öffnungszeiten:
Mi & Sa 15-17 Uhr
So 11-13 Uhr, 15-17 Uhr
(während der Ausstellung)

Kinder
www.nrw-entdecken.de

In Möhnesee-Körbecke konnte mithilfe der NRW-Stiftung das Haus Stockebrand saniert und für eine Nutzung als Kultur- und Begegnungszentrum zur Verfügung gestellt werden.

4 FREILICHTBÜHNE HAMM-HEESSEN

Eine der gefragtesten Freilichtbühnen Nordrhein-Westfalens und zugleich eines der besucherstärksten Amateurtheater Europas steht in Hamm: die Waldbühne Heessen. Seit 1924 inszeniert der Verein Westfälische Freilichtspiele e.V. dort großes Theater. Das Programm der Bühne zieht Saison für Saison nicht nur Erwachsene, sondern vor allem auch Kinder in seinen Bann.

Aufführungen gibt es im Hammer Stadtteil Heessen nicht nur an lauen Sommerabenden: Auch in der kalten Jahreszeit tritt die Spielerschar des Vereins regelmäßig auf die Winterbühne und spielt seit 1983 zusätzliche Programme für Kinder und für Erwachsene. Zudem proben die Akteure hier die „großen“ Auftritte auf der Sommerbühne. Die bislang mehr als 100

Inszenierungen wurden von über 2,3 Millionen Zuschauern gesehen.
Der einzige Lohn der Schauspieler an der Waldbühne Heessen ist, wie an den meisten anderen Freilichtbühnen in Westfalen auch, der Applaus der Besucher: Die Akteure spielen aus reiner Lust am Theater und ziehen damit pro Saison rund 70.000 Besucher in das Waldgebiet im Stadtteil Hamm-Heessen. Diesem großen Publikumsinteresse wurden die baulichen Anlagen aber schon in den 1980er-Jahren nicht mehr gerecht: Die ursprüngliche Zuschauertribüne war im Krieg zerstört und 1951 lediglich als Provisorium in Holzbauweise wiederaufgebaut worden. Seit einigen Jahren können die Zuschauer auf einer neuen Tribüne inmitten des Naturpanoramas Hessener Wald Platz nehmen. Die tragende Struktur der gesamten Bühne besteht aus einer stützfreien Fachwerkbinder-Konstruktion mit Naturholzoberfläche. 1.729 bequeme Sitze bieten Platz, gute Akustik und beste Sicht, um sich in jeder Spielzeit zwischen Mai und September in eine andere Welt entführen zu lassen. Gleichzeitig bietet das neue Gebäude Platz für die Winterbühne mit einer zusätzlichen Spielzeit von Oktober bis Dezember.

Informationen
Westfälische Freilichtspiele e.V.
Waldbühne Heessen
Gebrüder-Funke-Weg 3
59073 Hamm-Heessen
Tel. 02381 / 30 90 90
(Mo-Fr 9-12 Uhr), www.waldbuehne-heessen.de

Kinder
- eigenes Kinder-Programm

Die NRW-Stiftung half bei der Erneuerung der Zuschauertribüne der Waldbühne in Hamm-Heessen.

5 GUSTAV-LÜBCKE-MUSEUM

Wissen Sie, was eine Mumienparty ist? – Nein, es handelt sich nicht um eine Ü30-Party im Jargon boshafter Teenager. Das Phänomen gehört vielmehr ins 19. Jahrhundert, in die große Zeit der Ägyptomanie – einer Ägyptenbegeisterung, die teilweise absurde Züge annahm. Zu Mumienpartys traf man sich, um antike Leichname in geselliger Runde und unter angenehm prickelndem Schauer gemeinsam auszuwickeln. Ägyptische Mumien wurden von cleveren Geschäftemachern bisweilen sogar pulverisiert und als „Medikamente" verkauft.
Der 1886 in Hamm gegründete „Mumienverein" war seriöser. Er erwarb einen Mumiensarg, um dem noch im Aufbau befindlichen Hammer Museum eine Attraktion zu bescheren – das war der Startschuss für die bedeutende ägyptologische Sammlung, die heute im Gustav-Lübcke-Museum zu sehen ist. Das Museum besitzt aber auch wertvolle mittelalterliche Kunstschätze, präsentiert Werke bedeutender Künstler der Moderne und zeigt zahlreiche Exponate zur Hammer Stadtgeschichte.
Untrennbar ist das Museum mit der Ruhr-Kultur verbunden. Der Bergbau hat in Hamm viele Spuren hinterlassen, darunter nicht zuletzt die monumentale Maschinenhalle der Zeche Sachsen in Hamm-Heessen. Die damals hochmoderne Zechenanlage wurde 1912–1928 von dem Architekten Alfred Fischer errichtet, den Fachleute in einem Atemzug mit dem Bauhaus-Gründer Walter Gropius nennen.
Leider sind die Übertagebauten der Zeche heute zum großen Teil verschwunden. Der „Allgemeine Knappenverein Glück Auf – Hamm-Nordenfeldmark Heessen" und der Heimatverein Heessen ließen diesen wichtigen Teil der Hammer Geschichte wieder anschaulich werden und entwarfen ein Modell der Zechengebäude für das Museum.
Nirgendwo sonst liegt der Kohlenpott so nah am Alten Ägypten.

Informationen
Gustav-Lübcke-Museum
Neue Bahnhofstraße 9
59065 Hamm
Tel. 02381 / 17 57 01
www.hamm.de/gustav-luebcke-museum.html

Öffnungszeiten:
Di-Sa 10-17 Uhr
So 10-18 Uhr

Kinder
- Kinder- und Jugendmuseum

Mithilfe der NRW-Stiftung konnte ein hölzernes Modell der Übertageanlagen der ehemaligen Zeche Sachsen in Hamm hergestellt werden, das nun im Gustav-Lübcke-Museum in Hamm präsentiert wird.

Die „entfesselten“ Abschnitte der Lippe entwickeln sich zu einer naturnahen Auenlandschaft.

6 LIPPEAUE

Der Anblick begradigter Flüsse mit befestigten Ufern ist uns vertraut. Gewöhnungsbedürftig ist dagegen die Vorstellung, dass ein Fluss seinen Lauf selbst suchen darf und mehrmals im Jahr seine Aue überflutet. Gibt es für solche Wildnisse vor den Toren der Ballungsgebiete überhaupt noch Platz? Ja. An der Lippe im Kreis Soest können sich Besucher selbst ein Bild davon machen. Die renaturierten Flussabschnitte bieten nicht nur ein intensiveres Landschaftserlebnis, sondern sind ein unschätzbarer Gewinn für die gefährdete Tier- und Pflanzenwelt unserer Flussauen. Um die Wiesen, Weiden und Äcker der Lippebauern vor Hochwasser zu schützen, hatte man bis vor 30 Jahren Dämme aufgeschüttet und die Uferböschungen mit Steinblöcken befestigt. Damit legte man aber nicht nur dem Wasser Steine in den Weg, sondern auch den Fischen. Früher hatten sie ihre Eier in den seichten Flutrinnen, den verkehrsberuhigten Nebenstraßen des Flusses, abgesetzt. Mit dem Uferverbau war der Zugang zu diesen sicheren Fortpflanzungsstätten plötzlich versperrt. An den Rückstauklappen der Nebenbäche und Gräben drückten sich Quappe, Hecht und Moderlieschen die Nasen platt. Statt der ursprünglich 30 Fischarten gab es hier irgendwann nur noch 15.

War der Rückgang der Fische nur für Fachleute erkennbar, konnten das Ausbleiben der Uferschwalben und das Verstummen des Froschgequakes von jedermann bemerkt werden. Das änderte sich 1990, als man mit der Renaturierung ausgewählter Flussabschnitte begann. Die fachlichen Grundlagen wurden von der „Arbeitsgemeinschaft Biologischer Umweltschutz im Kreis Soest", kurz ABU, und dem Staatlichen Umweltamt in Lippstadt erarbeitet. Birgit Beckers von der ABU erinnert sich: „Es gab zwar sehr viele tauschwillige Eigentümer, aber als Folge der früheren Erbteilung brachte jeder oft nur winzige Flurstücke mit." Beim Amt für Agrarordnung war man mit solchen Problemen vertraut und

In den renaturierten Flussabschnitten lebt auch die Quappe.

löste sie zur Zufriedenheit aller Beteiligten. Die Landwirte bekamen neue Pachtverträge. Nebenbäche erhielten ihr altes Bett zurück, Flutmulden und Hochwasserrinnen wurden wieder ausgebaggert.

In der Disselmersch bei Lippborg ging man noch weiter: Dort hob man ein Flutrinnensystem von 1.200 Metern Länge aus und trug die künstlichen Uferdämme an mehreren Stellen ab. Seither füllt sich die Aue wieder mit Lippewasser – auch bei kleineren Hochwassern. Durchschnittlich an 45 Tagen im Jahr herrscht jetzt freier Austausch zwischen der Lippe und ihren Nebenrinnen. Das wiedergeschaffene Standortmosaik bietet einer großen Zahl von Auenpflanzen und -tieren optimale Lebensbedingungen. Mindestens genauso wichtig wie die Reaktivierung der Aue war die Entfesselung der Ufer. Auf vier Kilometern Länge befreite der Lippeverband die Uferböschungen von ihrem Steinkorsett. Im Nu entstanden wieder Steilabbrüche und Kolke, Flachwasserzonen und Sandbänke.

Die Reaktion der Vogelwelt auf die Auentherapie war beeindruckend. Uferschwalben, die in den 1970er-Jahren verschwunden waren, brüten wieder regelmäßig in 70 Paaren, der Eisvogel kehrte zurück, und im Frühjahr und Herbst ist die Lippeaue wieder ein wichtiger Vogelrastplatz.

Die Akte „Renaturierung Disselmersch“ ist aber noch nicht geschlossen. Die Begradigung der Lippe machte diese auch schneller. Immer tiefer schnitt sie sich seither in den Auengrund ein und ließ den Grundwasserspiegel rapide sinken. Um den Teufelskreis der Tiefenerosion zu durchbrechen, will der Lippeverband Sand an den Ufern abgraben und im Flussbett verteilen. Durch diese Sohlanhebung wird die Fließgeschwindigkeit abnehmen und dem Gerinne Seitenarme und Sandbänke wiedergeben.

In prähistorischen Zeiten lebten hier auch Wildtiere wie Auerochse und Wildpferd. „Nur die konnten in den Auen waldfreie Teilflächen schaffen und erhalten“, erläutert ABU-Mitarbeiter Matthias Scharf, „und darauf sind viele Pflanzen und Tiere der Auen angewiesen.“ Da das Erbgut der wilden Vorfahren in einigen alten Nutztierrassen noch weiterlebt, hat die ABU mit der Zucht einer kleinen Herde von Heckrindern begonnen. Heckrinder sind jedoch kleiner als ihre Ahnen. Um das XL-Format des Vorbilds Auerochse zu erreichen, kreuzte man Vertreter großer Rassen aus Südeuropa ein. Das Ergebnis sind die eindrucksvollen Taurusrinder. Rund ums Jahr weidet jetzt die 20-köpfige Herde Grä-

In der Hellinghauser Mersch können sich Konikpferde und Taurusrinder frei bewegen. Ihre Vorfahren sind Wildpferd und Auerochse.

ser oder Laubgehölze ab und lässt sich zum Wiederkäuen im Schatten der knorrigen Uferweiden nieder. Oft suchen Konikpferde, die jetzt ebenfalls hier leben, ihre Nähe. Koniks sind eine osteuropäische Kleinpferdrasse. Die Zebrastreifen an ihren Beinen sind noch heute sichtbare Zeichen ihrer Abstammung vom Wildpferd.
Mittlerweile sind Anwohner und Besucher dieses Gebietes durchweg begeistert von dem Bild, das sich ihnen an der Lippe bietet. Matthias Scharf freut sich über die Zustimmung: „Eine solche Auenwildnis mit großen Tieren ist doch etwas anderes als ein Maisacker."
Für Besucher gibt es unterschiedliche Angebote, die neue Wildnis mit ihren Pflanzen und Tieren zu erleben: Man kann sich beispielsweise einer geführten Exkursion anschließen oder man bewaffnet sich mit einem Fernglas und erklimmt eine Aussichtsplattform.
Von dort aus hat man freie Sicht auf Reiher, Wildenten und Gänse, ohne sie zu beunruhigen. Mit etwas Glück kommt einem auch eine jagende Rohrweihe vor die Linse. Von der Aussichtskanzel „Anglerweg" am Rand der Hellinghauser Mersch kann man sogar dem Weißstorch in den Horst „kiebitzen".

Informationen
Zu erreichen sind die Gebiete von Köln oder Düsseldorf über die A1 (A46 > A1) bis Kamener Kreuz, dort auf die A2 (Richtung Hannover) wechseln, auf dieser bis zur Ausfahrt Hamm-Uentrop.
Von dort führt die L 822 (später B 475) in Richtung Soest direkt nach Lippborg (Disselmersch).
Die B 475 quert vor Lippborg die Lippe. Ca. 500 Meter dahinter führt eine rechts abzweigende Straße am Südrand der Disselmersch entlang ab.
Weiter entlang der Lippe Richtung Lippstadt liegt die Ortschaft Hellinghausen am Rande der Aue südlich der Lippe.
Von Hellinghausen führen Spazierwege in die Hellinghauser Mersch.
www.abu-naturschutz.de

Die NRW-Stiftung kaufte Naturschutzflächen entlang der Lippe. Die Biologische Station im Kreis Wesel e.V. betreut das Gebiet.

7 ZACHARIASSEE

Weit reicht der Blick von der kleinen Holzhütte über das Wasser und die Uferstäucher bis hin zu den Bäumen dahinter. Im Naturschutzgebiet Zachariassee leben und rasten Hunderte von Vogelarten. Doch viele nur für kurze Zeit: Während des Vogelzugs im Herbst machen unter anderem Zwergstrandläufer eine Zwischenstation an dem See in der Nähe Lippstadts, um Kraft zu sammeln für ihren Flug von der südlichen Arktis zu den Küsten Afrikas.

Im Winter sammeln sich über 2000 Vögel im Naturschutzgebiet: Graugänse und Schnatterenten, Haubentaucher und Kormorane lassen den See zu einer Oase der Artenvielfalt werden und einige von ihnen haben den Zachariassee auch als Brutrevier auserkoren. Die Mitglieder des Naturschutzbundes NABU registrierten bei ihren Beobachtungsgängen bisher 200 Arten, darunter seltene wie Drosselrohrsänger, Purpurreiher und Seeadler. Die Kreisgruppe Soest des NABU kümmert sich um die Pflege des Naturschutzgebietes. Zu einem Vogelparadies entwickelte es sich in den rund elf Jahren seit der Stilllegung der Sand- und Kiesbaggerei „Zacharias“. Sie befand sich früher auf der Insel des 65 Hektar großen Sees.

SEHENSWERT

Olle Wiese

Das kleine Naturschutzgebiet liegt zwischen Erwitte und Stirpe und zeichnet sich vor allem durch seine Schilfgebiete aus. Hier leben Eisvogel, Rohr- und Wiesenweihe sowie die Wasserralle.

■ Informationen

Arbeitsgemeinschaft Biologischer Umweltschutz im Kreis Soest
www.abu-naturschutz.de

Auch den Haubentaucher kann man am Zachariassee beobachten.

Am Südufer führt ein Bohlenweg durch ein Gebüsch zur Beobachtungshütte, die einen Blick auf die See- und Uferlandschaft bietet.

Klares Wasser und Sandstrände in unmittelbarer Nähe Lippstadts verlockten dazu, den See als Freizeitgebiet zu nutzen. Es ist der Initiative der NABU-Mitglieder des Kreises Soest zu verdanken, dass die Entscheidung der Behörden 1990 zugunsten der Natur fiel. Der Rundwanderweg um den See wurde umgeleitet und verläuft nun in sicherer Entfernung von den Lebensräumen der Vögel. Auf Baden und Angeln müssen die Lippstädter im Schutzgebiet seitdem verzichten. Doch sie haben neue Freizeitbeschäftigungen am See entdeckt: Mit einem Fernglas und etwas Geduld ausgestattet, halten sie Ausschau nach den geflügelten Bewohnern.

Unterschiedliche Lichtverhältnisse und der Wechsel der Jahreszeiten machen das Beobachten der Vögel dabei immer wieder zu einem reizvollen Erlebnis. Zumal es mit der Beobachtungshütte am Südufer einen Aussichtsplatz gibt, von dem aus Naturfreunde einen Blick über den gesamten See haben. Der Heimatverein Lipperode zimmerte 1991 die Hütte gemeinsam mit Mitgliedern der britischen Armee. Das Naturschutzgebiet lebt von der Akzeptanz der Bevölkerung und dem Engagement vieler Bürger. Auch die Landwirte tragen dazu bei, dass auf den Flächen rund um den Zachariassee wieder seltene Pflanzen wie Glockenheide oder Englischer Ginster sprießen: Die Bauern verzichten auf Pestizide und auf Düngemittel – die meisten Flächen dienen heute als Viehweiden.

Informationen

Der Zachariassee liegt am Rande des Lippstädter Stadtteils Lipperode. Die NABU-Kreisgruppe Soest veranstaltet geführte Wanderungen durch das Naturschutzgebiet. Dazu ist eine Anmeldung erforderlich. Die Adresse des Vereins lautet:
An der Bellevue 21
59558 Lippstadt
Tel. 02941 / 24 63 58
www.nabu-soest.de

Die NRW-Stiftung erwarb Grundstücke am Zachariassee für Zwecke des Naturschutzes.

8 SCHÄFERKÄMPER WASSERMÜHLE

Informationen
Führungen durch die Wassermühle und Heimatstube des Heimatvereins finden regelmäßig samstags statt.
Holzweg
59597 Bad Westernkotten
www.heimatverein-badwesternkotten.de

Die NRW-Stiftung erwarb und restaurierte die Schäferkämper Wassermühle in Erwitte-Bad Westernkotten.

Inmitten eines malerischen Grundstücks am südlichen Ortsrand von Bad Westernkotten liegt die Schäferkämper Wassermühle von 1748. Der kommerzielle Mahlbetrieb währte bis 1933. Nach dem Tod der letzten Besitzerin 1989 wurde die Mühle von der Nordrhein-Westfalen-Stiftung erworben, von den Heimatfreunden Bad Westernkotten restauriert und als Museum eingerichtet. Beide Mahlwerke sind betriebsbereit. Die Getreidemühle selbst erstreckt sich über vier Etagen: Der Keller mit den inneren Achslagern der Mühlräder und dem Winkelgetriebe, das Erdgeschoss mit den Mahlsteinen und der Sackabfüllung, das erste Stockwerk mit Kornlager, Sichter und Transmissionsverteilung und das Dachgeschoss als Trockenboden mit Sackaufzug und Umlenkung für den Becher-Elevator. In der Müllerwohnung können Besucher nachempfinden, wie hier das Leben vor 100 Jahren ausgesehen haben mag. Jeden Samstag wird das Schrotmahlwerk zu den regelmäßig stattfindenden Mühlenführungen in Betrieb genommen. Zu empfehlen ist ein Besuch am Pfingstmontag zum jährlichen Mühlenfest.

Rüthener Handwerker haben Repliken alter Folterinstrumente gefertigt.

9 HEXENTURM RÜTHEN

Der Hexenturm, wie der Volksmund das mittelalterliche Bauwerk in Rüthen getauft hat, trägt seinen Namen eigentlich zu Unrecht. Nicht Hexen wurden hier verhört oder gefoltert, sondern über Jahrhunderte gewöhnliche Verbrecher inhaftiert. Doch bietet das historische Gemäuer für die Ausstellung des Kulturrings Rüthen zum Thema Hexenverfolgung eine würdige Kulisse. Der kleine Ort im Sauerland greift mit der Ausstellung ein dunkles Kapitel seiner eigenen Geschichte auf: Allein in Rüthen fielen der Inquisition über 100 Menschen durch brutale Verhörmethoden und Todesurteile zum Opfer.
Die Ausstellung in dem mittelalterlichen Gebäude zeigt zahlreiche Repliken der damals üblichen Verhörinstrumente. Neben Zangen und spitzenbewehrten Stühlen weckt sogar ein unscheinbarer Becher eine Ahnung von der wahnwitzigen Folter-Logik: Die Marter durfte nur bei vollem Bewusstsein der „Hexe“ vollzogen werden, daher verabreichten die Peiniger ihren Opfern bei drohender Ohnmacht mit dem Becher stärkende und aufputschende Getränke. Die

Informationen
Stadtarchiv Rüthen
Hachtorstraße 24
59602 Rüthen
Einzel- und Gruppenführung nach Vereinbarung:
Tel. 02952 / 89 140
www.sauerland.com/sauerland/orte/ruethen/ruethen/museum_im_hexenturm

Die NRW-Stiftung unterstützte die Ausstellung im mittelalterlichen „Hexenturm“ in Rüthen für Ausstellungszwecke.

Ausstellung erlaubt auch einen Blick auf Einzelschicksale wie das der Grete Eickhoff. Deren Mutter war bereits als Hexe hingerichtet worden, vier Jahre später ereilte sie im Jahr 1659 selbst der Tod durch das Schwert mit anschließender Verbrennung.
Heute weiß jeder, dass erst die Folter die Hexe macht. Doch in Zeiten von Religionsumbrüchen, Pest und Kriegen herrschten Unsicherheit, Aberglaube und Misstrauen. Unter diesen Bedingungen konnten voreingenommene, unaufgeklärte Juristen und ihre Helfer von ihren Opfern die abenteuerlichsten Aussagen erzwingen. Fast jeder Gefolterte legte letztlich ein Geständnis ab und viele rissen durch erpresste Verdächtigungen weitere Menschen mit in den Tod. Unter größter Gefahr regte sich jedoch schrittweise Widerstand gegen die grauenhafte Praxis der Hexenverfolgung. Friedrich Spee von Langenfeld veröffentlichte bereits 1631 unter einem Pseudonym schwere Angriffe gegen die Verhörmethoden der damaligen Zeit und benutzte dabei bereits den Satz: „Im Zweifel für den Angeklagten". Ihm und seinem Mitstreiter, dem Landpfarrer Michael Stapirius aus Meisten, ist am Hexenturm ein Bronzerelief des Düsseldorfer Künstlers Bert Gerresheim gewidmet.

Um ihre Opfer zu peinigen, bewiesen die Folterknechte unheilvollen Erfindergeist.

Das Relief vereint Michael Stapirius und Friedrich Spee von Langenfeld.

SEHENSWERT

Hohler Stein

Das von Nebenläufen der Lörmecke ausgespülte Felsmassiv „Hohler Stein“ findet sich südwestlich von Rüthen-Kallenhardt. Ausgrabungen in den 1930er-Jahren legten Funde aus unterschiedlichen Entwicklungsepochen seit der letzten Eiszeit frei. Die menschlichen Spuren in den beiden Höhlen reichen zurück bis in die Zeit um 10.000 v. Chr. Einige Funde bringen die prähistorische Stätte mit Forschungsthesen zum mittelalterlichen Nibelungenlied in Verbindung.

■ Informationen
www.ruethen.de

10 HANDWERKERDORF RÜTHEN

Als Baustoff prägte der bei Rüthen abgebaute Grünsandstein die örtliche Architektur- und Kunstgeschichte maßgeblich. Auch über den Soester Raum hinaus hat sich der Stein mit der charakteristischen grünlichen Färbung einen Namen gemacht. Zum Beispiel wurde er 1648 für den Bau des früheren Amsterdamer Rathauses verwendet.

Um der Bedeutung von Abbau und Verarbeitung in der Region Rechnung zu tragen, eröffnete der Förderverein Heimatpflege und traditionelles Brauchtum Rüthen e.V. im November 2010 ein historisches Handwerkerdorf. In 14 Monaten ist ein Projekt entstanden, das eine Übersicht über die Geschichte des regionalen Handwerks liefert. So informiert die Dauerausstellung über geologische Strukturen, bergbaurechtliche Schürfregelungen, die Entwicklung der Abbautechniken und Verarbeitungsformen des Steins im Laufe der Geschichte.

Zu der Anlage gehören unter anderem eine rekonstruierte Kettenschmiede und eine originalgetreu wieder aufgebaute Steinmetz-Werkstatt. Eingerahmt wird das Gelände des Handwerker-

■ In Rüthen entstand mithilfe der NRW-Stiftung ein Handwerkerdorf, das die Gewinnung, Bearbeitung und Verwendung des Rüthener Sandsteins im Wandel der Zeit präsentiert.

dorfes von einer denkmalgeschützten Seilerei im Osten und dem mittelalterlichen Hexenturm im Westen. Das Handwerkerdorf soll künftig durch Wander- und Radwege mit dem Grünsandstein-Museum in Soest verbunden werden.

Parallel zur Ausstellung werden Vorführungen alter Handwerkstechniken geboten.

Informationen

Förderverein Heimatpflege und traditionelles Brauchtum Rüthen e.V.
Hachtorstr. 1
59602 Rüthen
Tel. 02952 / 728
www.handwerkerdorf-ruethen.de

Das historische Handwerkerdorf Rüthen kann bei Stadtführungen besichtigt werden. Außerdem ist es alle 14 Tage sonntags von 11 bis 16 Uhr für interessierte Besucher geöffnet.

11 KALKOFEN WARSTEIN

■ Die NRW-Stiftung unterstützte den Heimatverein bei der Errichtung eines Kalkofens nach historischem Vorbild und richtete in einer nebenstehenden Remise eine Ausstellung ein, die über die Entstehung, den Abbau und die Verwendung von Kalkstein früher und heute informiert.

Tief im Sauerland, im kleinen Ort Suttrop bei Warstein, häufen sich die Diamanten – doch wer hier nach Juwelen sucht, kommt vergebens. Stattdessen kann man aber wissenswertes über die „steinreiche" Vergangenheit der Region erfahren.

Mit echten Diamanten hätte der Heimatverein Suttrop seinen Traum, einen historischen Kalkofen zu rekonstruieren, sicher leichter realisieren können. Doch leider heißen die „Suttroper Diamanten" nur im Volksmund so. In Wirklichkeit handelt es sich um Quarzkristalle, die die Natur vor 25 Millionen Jahren so regelmäßig geformt hat, als seien sie von menschlicher Hand geschliffen – was auch ihren populären Namen erklärt. In der Natur findet man die sechskantigen Quarze mit den Doppelspitzen nur noch selten; in ihrer Suttroper Heimat

Jung und Alt arbeiten ehrenamtlich an dem Projekt „Suttroper Kalkofen".

hat man ihnen im „Diamantenpark" mit einem kleinen geologischen Lehrpfad ein Denkmal gesetzt. Was Suttrop wirklich „steinreich" gemacht hat, ist Kalk. In mehreren großen Steinbrüchen ringsum wird Kalkstein abgebaut – und zwar unter Einsatz von Sprengstoff, wie man bei einer „Schausprengung" auch als Zuschauer miterleben kann. Vor 380 Millionen Jahren bildete sich der Kalkstein aus Korallen und den Schalen unzähliger Kleinstlebewesen, heute lockt er viele Besucher ins Sauerland: Die bizarren Formen in den sauerländischen Tropfsteinhöhlen sind nichts anderes als Kalkablagerungen.
Früher gab es in Suttrop zahlreiche handbetriebene Kalköfen, die den Branntkalk herstellten, der für die Herstellung von Mörtel oder das Düngen der Felder benötigt wurde. Vor etwa 40 Jahren stellte der letzte dieser Öfen den Betrieb ein. Der Heimatverein Suttrop errichtete deshalb gleich neben dem Diamantenpark einen betriebsfähigen Kalkofen nach historischem Vorbild und stattete das Gelände mit Kipploren, Schienen, Werkzeugen und Erläuterungstafeln aus. 2008 ging die Anlage in die „heiße Phase" – bis zu 1.000 Grad Hitze sind notwendig, damit aus Kalkstein das Kohlendioxid entweicht und Branntkalk entsteht.

Der mächtige Einfüllschacht des Suttroper Kalkofens.

Informationen
Heimatverein Suttrop
Starenweg 3
59581 Warstein-Suttrop
Tel. 02902 / 710
Tel. 02902 / 25 20

Der Kalkofen liegt in dem kleinen Ort Suttrop bei Warstein, nahe dem dortigen Steinlehrpfad „Diamantenpark Suttrop".

SEHENSWERT

Industrie im Wald
Warstein und Suttrop liegen mitten im Naturpark Arnsberger Wald. Trotz dieser eher abgeschiedenen Lage konnten sich hier aber aufgrund des Holz- und Wasserreichtums und unterschiedlicher Bodenschätze erfolgreiche Industrien entwickeln. Die Gewinnung von Kalkstein ist nur eine davon. Interessante Punkte lassen sich auf dem „Warsteiner Weg der Montangeschichte" erwandern. Besonders lohnend ist dabei der Besuch des „Hauses Kupferhammer" – einer Unternehmervilla, die ihre Innenausstattung aus dem 19. Jahrhundert noch weitgehend bewahrt hat. In einer Vitrine findet man hier aber auch ein paar besonders schöne „Suttroper Diamanten".

Informationen
Warsteiner Weg der Montangeschichte:
www.montanweg-warstein.de
Haus Kupferhammer:
www.warstein.de/Museen.47.0.html

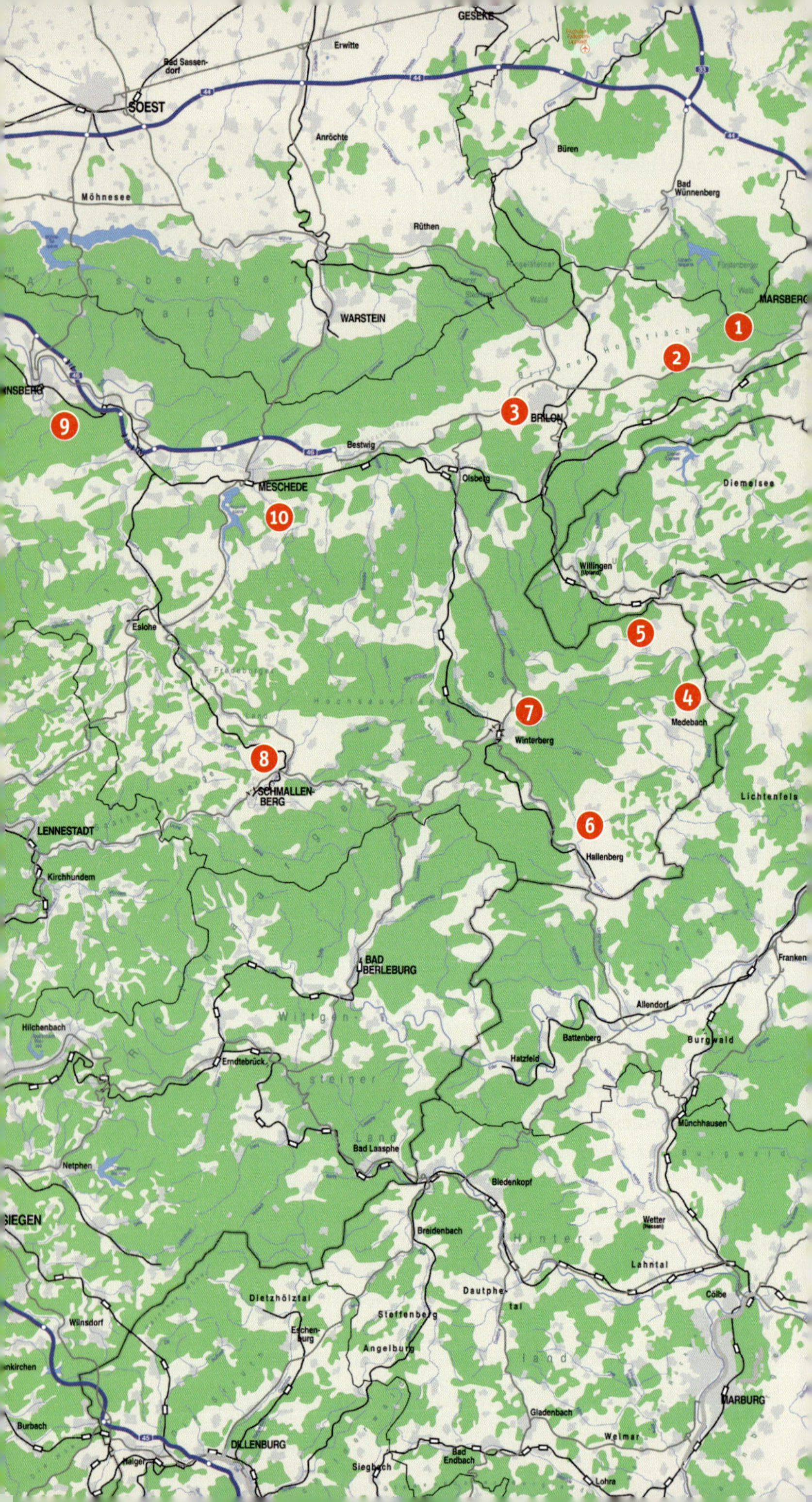

GESEKE
Erwitte
Bad Sassendorf
SOEST
Anröchte
Büren
Bad Wünnenberg
Möhnesee
Rüthen
WARSTEIN
1
2
3
BRILON
Bestwig
Olsberg
9
MESCHEDE
10
Diemelsee
Willingen (Upland)
5
4
Medebach
7
Winterberg
Eslohe
8
SCHMALLENBERG
6
Hallenberg
Lichtenfels
LENNESTADT
Kirchhundem
BAD BERLEBURG
Allendorf
Burgwald
Battenberg
Hatzfeld
Hilchenbach
Erndtebrück
Bad Laasphe
Münchhausen
Netphen
Biedenkopf
Breidenbach
Wetter (Hessen)
Lahntal
Dautphetal
Cölbe
Dietzhölztal
Steffenberg
Eschenburg
Wilnsdorf
Angelburg
MARBURG
Burbach
Gladenbach
DILLENBURG
Weimar
Haiger
Bad Endbach
Siegbach
Lohra

HOCHSAUERLAND

WANDERER, KOMMST DU INS SAUERLAND

Als der Sturm Kyrill im Januar 2007 über das Land hinweg fegte und mächtige Bäume wie Streichhölzer knickte, gab es manche Sauerländer, die über diese „Flurbereinigung“ alles andere als unglücklich waren. Denn Kyrill hinterließ nicht nur Verwüstung, er formte das Land stellenweise völlig neu.

Die Schneisen, die der Orkan in die endlos weiten Nadelwälder des Sauerlandes schlug, veränderten das Landschaftsbild und bescherten Wanderern völlig neue und ungeahnte Weitblicke: Wo der Weg vor Kyrill noch durch dunkles Fichtengrün führte, konnten sie nun den Blick über die sanfte Hügellandschaft des Sauerlandes mit

Bild oben:
Die „Sauerland-Waldroute“ verläuft von Iserlohn nach Marsberg. Rund 110 der insgesamt 240 Kilometer führen durch den Naturpark Arnsberger Wald.

Der 35 Meter hohe Lörmecke-Turm mit der Aussichtsplattform markiert mit 581 Metern über NN den höchsten Punkt des Naturparks Arnsberger Wald.

seinen bewaldeten Anhöhen und den fruchtbaren weiten Tälern genießen.

Das Sauerland ist eine der bedeutendsten touristischen Regionen Deutschlands und zieht traditionell vor allem Aktivurlauber an, die das Land zu ihren Füßen am liebsten auch mit denselben erkunden. Zahlreiche Wege durchziehen die Region, am bekanntesten ist der 154 Kilometer lange Höhenwanderweg „Rothaarsteig", der von Brilon im Sauerland über das Wittgensteiner Bergland und das Siegerland bis nach Dillenburg am Fuße des Westerwaldes führt. Aber auch der Briloner Kammweg, der Bestwiger Höhenweg und die Winterberger Hochtour gehören zu den Klassikern der Region, die jedes Jahr Tausende von naturbegeisterten Wanderern anziehen. Und wenn die gehen, kommen die Wintersportler: 57 Skigebiete mit 148 Liftanlagen und Abfahrten bis zwei Kilometer Länge in allen Schwierigkeitsgraden machen die Wintersport-Arena Sauerland zwischen dem hessischen Willingen, Winterberg, Schmallenberg und Olpe zu einem der größten Skigebiete nördlich der Alpen.

Marsberg mit seinen 17 Ortsteilen gilt als das östliche Tor zum Sauerland. Es entstand 1975 im Zuge der kommunalen Neugliederung aus Obermarsberg und Niedermarsberg und anderen Gemeinden. Die reizvolle Lage zwischen Diemelsee und Eggegebirge macht die Kleinstadt zum bevorzugten Ziel für Aktivurlauber, die zum Wandern, Radfahren, Bogenschießen oder Golfen nach Marsberg kommen. Im Besucherbergwerk Kilianstollen können sich Interessierte über die Geschichte des Kupferabbaus in der Region informieren. Sehenswert ist auch das alte Obermarsberg mit seinen historischen Kirchen und Gebäuden.

Arnsberg wiederum bildet das westliche Eingangstor zum Sauerland. Stolz sind die Arnsberger auf ihre mittelalterliche, von der Ruhr umflossene Altstadt mit der Schlossruine und das Klassizismus-Viertel, die sich auf verschiedenen Themen-Stadtführungen erkunden lassen.

Das große kulturelle Angebot mit dem Sauerland-Theater und der Kleinkunstbühne „Kultur-Schmiede", ein großes Wanderwegenetz, der „Nordic.Fitness.Park Arnsberg" und die besondere Lage zwischen den Stauseen machen die 75.000-Einwohner-Stadt zu einem Ort, der Bewohnern und Besuchern viel Lebensqualität bietet. Seine touristische Bedeutung verdankt Arnsberg unter anderem dem Ruhrtalradweg, der die Quelle der Ruhr bei Winterberg mit der Mündung in den Rhein in Duisburg verknüpft und dabei auch Arnsberg passiert.

Warstein am Nordrand des Sauerlandes mit seinen neun Ortsteilen liegt eingebettet in einer sanft hügeligen Landschaft mit weiten Wald- und Ackerflächen. Einer der Höhepunkte des Veranstaltungskalenders der Stadt ist die jährlich immer im Spätsommer stattfindende Warsteiner Internationale Montgolfiade. Bis zu 300 Heißluftballone sind dann am blauen Himmel über dem Sauerland zu bewundern. Die spektakulären Massenstarts, das stimmungsvolle Nachtglühen und ein attraktives Rahmenprogramm locken alljährlich weit über 100.000 Besucher aus der ganzen Welt an.

Stadt des Waldes wird Brilon genannt – die Stadt verfügt mit über 7600 Hektar über den größten kommunalen Waldbesitz in Deutschland. Im Norden Brilons liegen die schier endlosen Forsten des Arnsberger Waldes und seiner Ausläufer. Im Süden bestimmen Bergketten mit den höchsten Bergen des Sauerlandes, Wälder, Wiesenflächen und Flusstäler die Landschaft, die von zahlreichen Wanderwegen durchzogen wird. Brilon ist Ausgangspunkt des Rothaarsteiges und gilt schon deshalb als das Wanderzentrum des Sauerlandes. Auch der Briloner Kammweg, der als „Qualitätswanderweg Wanderbares Deutschland" zertifiziert wurde, führt durch das Stadtgebiet. Bevor die Wanderstiefel geschnürt werden, lohnt sich allerdings ein Rundgang durch die Altstadt mit ihren Kirchen, dem Rathaus aus dem 13. Jahrhundert und den zahlreichen Brunnen.

Skikurse für Jung und Alt gibt es im sauerländischen Winterberg. Das Skiliftkarussell Winterberg ist das größte zusammenhängende Skigebiet nördlich der Mainlinie.

1 GLOCKENGRUND

Seltene Blütenpflanzen bilden im Naturschutzgebiet Glockengrund einen dichten Blumenteppich – ideal für viele in ihrem Bestand gefährdete Tierarten. Die Grundlage für die Artenvielfalt in Udorf, einem Ortsteil südlich von Marsberg an der Grenze zu Hessen, bildet der Kalkmagerrasen. Vor rund 200 Millionen Jahren entstanden die Gesteine dieser Landschaft als Boden eines tropischen Meeres, in dem Muscheln und Schalentiere lebten. Aus ihren kalkhaltigen Gehäusen entwickelte sich unter großem Druck der Zechsteinkalk.

Nach dem Austrocknen des Meeres verwitterte die Oberfläche zu steinigen, flachgründigen Braunerden, auf denen heute die Pflanzenwelt des Glockengrundes wächst. Durch die Landwirtschaft bildete sich eine besondere Graslandschaft: Vor über 1000 Jahren rodeten Siedler für ihre Schaf- und Viehherden die Wälder, die auf den Hügeln herangewachsen waren. Später wurde an gleicher Stelle Getreide angebaut, bis die Erträge zurückgingen und der Acker Grasflächen wich.

Die Landschaft des Naturschutzgebietes ist Zeugnis alter bäuerlicher Wirtschaftsformen und Heimat vieler Tiere und Pflanzen. Das Naturschutzgebiet wird heute vom Verein in Zusammenarbeit mit einer Schäferei betreut.

Rund 800 Schafe einer seltenen Landschaf-Rasse verhindern, dass die artenreichen Mager-

Informationen

Ein Faltblatt über den Rundwanderweg gibt es beim Verein für Natur- und Vogelschutz im Hochsauerlandkreis e. V.
Zur Osterwiese 56
34431 Marsberg
Tel. 02991 / 90 81 36
www.vnv-hsk.de

Startpunkt:
Cansteiner Str./Glockengrund, 34431 Marsberg-Udorf

Die NRW-Stiftung hat große Teile des Naturschutzgebietes „Glockengrund" gekauft, damit es als Natur- und Kulturerbe erhalten bleibt.

Dreigezähntes Knabenkraut

rasen mit Büschen und Bäumen zuwachsen. Somit finden allein mehr als 40 Pflanzenarten, die auf der Roten Liste der gefährdeten Pflanzen verzeichnet sind, hier im Glockengrund einen Lebensraum.

Regelmäßig zieht wieder eine Wanderschafherde über die Marsberger Hochflächen.

Leberblümchen

Heide-Günsel

2 KLOSTER BREDELAR

Wenn es um die Industrialisierung geht, gehören Klöster sicher nicht zu den ersten Dingen, die einem einfallen. Doch die Wege der Geschichte sind oft Umwege, und das ehemalige Kloster Bredelar ist dadurch eines der eindrucksvollsten Beispiele für die Folgen der sogenannten „Säkularisation“, der Auflösung geistlicher Territorien und geistlicher Besitztümer in Deutschland zu Beginn des 19. Jahrhunderts. In der Zisterzienserzeit war von 1238 bis 1241 in dem Kloster die kostbare „Bredelarer Bibel“ entstanden. 1804 gingen die Mönche fort, und das Kloster fiel an den Landgrafen von Hessen-Darmstadt – die Bredelarer Bibel liegt deshalb heute in der Darmstädter Universitäts- und Landesbibliothek. Die Klostergebäude wurden zunächst landwirtschaftlich genutzt, 1826 aber

Der Förderverein Kloster Bredelar wurde mit einem Ehrenamtspreis der NRW-Stiftung und 2011 mit dem „Europa nostra“-Preis ausgezeichnet.

richtete man in in den altehrwürdigen Gemäuern eine Eisenhütte ein. Nachdem das Bauwerk über 600 Jahre als Kloster genutzt worden war, begann nun die etwa 100 Jahre währende „eiserne" Geschichte in Bredelar. 1877 wurde der Betrieb an die Dortmunder Union AG verkauft, die eine Eisengießerei daraus machte. Die Produktion endete schließlich 1931, doch die Erinnerung daran erlosch nicht. Seit dem Jahr 2004 wird in einer neu eingerichteten Lehr- und Schaugießerei die Technik des Eisengusses in Bredelar wieder praktisch demonstriert.
Dass das ehemalige Kloster vor dem Verfall bewahrt und neuen Nutzungen zugeführt werden konnte, ist in erster Linie ein Verdienst des Bredelarer Fördervereins und seines Vorsitzenden Dr. Franz-Josef Bohle. Dafür erhielt der Verein die Auszeichnung „WegWeiser". Im Westflügel des Klosters befinden sich heute Räume, die der Verein für Natur- und Vogelschutz (VNV) als Geschäftsstelle sowie für Ausstellungen und Veranstaltungen nutzt.

Informationen

Das Kloster Bredelar in Marsberg ist von der Sauerlandstraße aus zu erreichen.
Tel. 02991 / 96 25 35
(Mo-Fr 9-13 Uhr)
www.kloster-bredelar.de
www.lehr-schaugiesserei.de
www.vnv-hsk.de

Mithilfe der NRW-Stiftung konnte der Westflügel der Klosteranlage restauriert und einer kulturellen Nutzung zugeführt werden.

3 HAUS HÖVENER

Wollte jemand heute in das Haus Hövener einziehen – er könnte es. Und er zöge in eines der schönsten originalgetreu restaurierten Gebäude mitten in Brilon. Doch Wilhelmine Hövener, letzte Nachfahrin der Gewerkenfamilie Kannegießer-Unkraut, wollte es anders: 1996 brachte sie ihr repräsentatives und am Marktplatz gelegenes Wohnhaus in die von ihr und der Stadt Brilon gegründete Stiftung „Briloner Eisenberg und Gewerke – Museum Brilon" ein. Ziel der Stiftung war und ist es, das historische, palaisartige Gebäude samt Garten zu erhalten und als Museum der Öffentlichkeit zugänglichzu machen. Nach vierjährigem Umbau erfolgte im Sommer 2011 die feierliche Eröffnung des Museums. Auf vier Ebenen, vom Kellergeschoss bis zum Dachboden, werden die Geologie, die Dinosaurierfunde von Brilon-Nehden, die Geschichte der Familie Kannegießer-Unkraut-Hövener als Beispiel für eine Gewerkenfamilie des Sauerlandes, das Montanwesen im Raum Brilon, die Glocken aus Brilon und die Wald- und Holznutzung dargestellt.

Die NRW-Stiftung half bei der Restaurierung des Hauses Hövener in Brilon und bei der Einrichtung als Museum.

Detail aus einem Zinkofen um 1865/70.

Eine besondere Attraktion ist das interaktive Stadtmodell im Eingangsbereich: Auf einer Karte, die Brilon um 1900 zeigt, ist die Innenstadt mit über 500 Gebäuden im Maßstab 1:500 nachgebildet. Mit Hilfe eines Touchscreens können die einzelnen Gebäude ausgewählt und über einen Beamer angeleuchtet werden. Die Datenbank liefert Informationen zur Geschichte des Hauses und über seine Bewohner inklusive alter Ansichten, Zeichnungen und Fotos. Alle heutigen Veränderungen werden ebenfalls dokumentiert und in das Modell eingearbeitet. Auf diese Weise werden auch aktuelle Entwicklungen der Stadt für zukünftige Generationen festgehalten.

Das palaisartige Haus Hövener liegt zentral am Marktplatz von Brilon.

Informationen

Museum Haus Hövener
Am Markt 14
59929 Brilon
www.haus-hoevener.de

Öffnungszeiten:
Di-So 11-17 Uhr

4 ARMILLARSPHÄRE

„Vier Meilen von Waldeck nach Köln liegt Medebach, die Geburtsstadt Caspar Vopelius', des kunstreichen und wohlerfahrenen Geographen, der hier in Köln ein Bürger gewesen ist und seine Wohnung im St. Pawels neben den Schwanen hatte."

zitiert nach Clemens Müller, Jahrbuch Hochsauerlandkreis Jg. 1986

Informationen
Städtisches Museum
Oberstraße 26
59964 Medebach
Tel. 02982 / 81 46
www.medebach.de

Öffnungszeiten:
Mi 14-16 Uhr
Do 10-12 Uhr
So 10-12 Uhr

Die NRW-Stiftung unterstützte den Ankauf einer Armillarsphäre des Kartographen und Instrumentenbauers Caspar Vopelius für das Stadtmuseum Medebach.

Als dem Heimatmuseum Medebach 1998 die Armillarsphäre des Caspar Vopelius aus dem Jahr 1546 angeboten wurde, handelte es sich zwar nicht um eine kostenlose Gabe, der Ankauf des wertvollen Instruments mithilfe der NRW-Stiftung war für die Stadt im Sauerland aber trotzdem so etwas wie ein Geschenk. Schließlich wurde Caspar Vopelius 1511 in Medebach geboren. Wenn in seiner Heimatstadt nach 500 Jahren nun erstmals eines seiner seltenen Himmelsmodelle gezeigt wird, so liegt darin ein wahrhaft himmlischer Glücksfall.

Eigentlich hieß Caspar Vopelius gar nicht Vopelius, sondern Vopel oder vielleicht auch Vöpell. Doch wie viele andere Gelehrte seiner Zeit gab er seinem Namen eine lateinische Form, um ihn gebildeter klingen zu lassen und ihm ein „internationales Flair" zu verleihen. Seine Herkunft aber hat der gebürtige Sauerländer trotzdem nie vergessen, unterschrieb er doch oftmals mit „Caspar Vopelius Medebach" und trug seinen Geburtsort unter anderem auch in eine der von ihm gezeichneten Europakarten ein.

Medebach gehörte zu Lebzeiten von Vopelius zum „kölnischen Westfalen", der Kölner Erzbischof war hier Landesherr. Der junge Caspar ging folglich zum Studium in die Domstadt und wurde dort 1532 Mathematikprofessor. Sein beruflicher Erfolg als Lehrer und als „kunstreicher und wohlerfahrener Geograf" erlaubte es ihm, das Bürgerrecht zu erwerben, ein Haus in der Kölner Schildergasse anzukaufen und die Tochter eines Buchdruckers zu heiraten. Nicht zuletzt seine kartografischen Arbeiten verschafften Vopelius großes Ansehen – darunter vor allem eine berühmt gewordene Rheinkarte aus dem Jahr 1555. Doch schon 1561 starb er im Alter von nur fünfzig Jahren. Zu den Werken, die er der Nachwelt hinterließ, gehörten auch mehrere „Armillarsphären" – Instrumente, die Astronomie und kostbares Kunsthandwerk auf eindrucksvolle Weise miteinander verbinden.

Die Medebacher Armillarsphäre – ein Modell des Himmels mit der Erde im Mittelpunkt – schuf Caspar Vopelius 1546.

Armillarsphäre – schon das Wort klingt schwierig. Vielleicht sollte man sich besser an die alte deutsche Bezeichnung „Ringkugel“ halten, die nicht nur leichter auszusprechen ist, sondern auch die Sache exakt trifft. Denn „Armilla“ heißt auf Deutsch nichts anderes als Reif oder Ring und „Sphäre“ ist das griechische Wort für Kugel – weshalb übrigens auch die viel beschworene „Atmosphäre“ wörtlich übersetzt einfach eine „Dunstkugel“ ist.

Dass die Armillarsphäre des Caspar Vopelius eine Ringkugel ist, lässt sich unschwer erkennen. In ihrem Zentrum steht die Erde. Aber was stellen die Ringe dar? Nicht etwa Planetenbahnen, wie man vielleicht annehmen könnte. Es handelt sich vielmehr um die wichtigsten „Himmelskreise“, also zum Beispiel den Lauf, den die Sonne während eines Jahres durch die zwölf Sternbilder des Tierkreises nimmt. Neben dieser Sonnenbahn – „Ekliptik“ genannt – ist vor allem der himmlische „Äquator“ von Bedeutung, der in der gleichen Ebene liegt wie der irdische.

Als Instrument verbinden Armillarsphären auf eindrucksvolle Weise Astronomie und Kunsthandwerk miteinander.

Als Vopelius die Armillarsphäre anfertigte, wurde Europa gerade durch die Erkenntnis des Nikolaus Kopernikus erschüttert, wonach nicht die Erde, sondern die Sonne im Mittelpunkt unseres Planetensystems steht. Aber die Medebacher Armillarsphäre, die die Erde zum Zentrum hat, ist deshalb nicht etwa „falsch“: Das Planetensystem ist gar nicht ihr Thema. Für eine Demonstration der von der Erde aus gesehenen Himmelskreise würde sie prinzipiell auch heute noch taugen – schließlich schauen wir selbst im 21. Jahrhundert in der Regel noch von Mutter Erde aus ins Universum.

5 PASTOREN-SCHEUNE

Es duftet nach frischem Holz. Späne rieseln auf den Boden der Drechselstube, wenn Franz-Joseph Assmuth seinen Drehmeißel ansetzt, um aus dem eingespannten Holzstück von Hand einen Fasskran zu fertigen. Gleich drei Drechselbänke stehen in der Werkstatt. Die älteste davon – noch mit Pedalen für den Fußantrieb – stammt aus dem 19. Jahrhundert. Das Handwerk hat in Düdinghausen Tradition: Um 1900 besserte fast jede zweite Familie im Ort ihr Einkommen mit der Herstellung von „Faatkranen“ und deren Verkauf an Brauereien und Brennereien auf. Franz-Joseph Assmuth ist einer der letzten, die das Handwerk noch aktiv ausüben – in einer alten Werkstatt im Heimathaus von Düdinghausen.
Das Prinzip ist über die Jahrhunderte gleich geblieben: Mit der Hand führt der Drechsler seine Werkzeuge – etwa Schrupppröhre oder Drehmeißel – über ein rotierendes Stück Holz, das fest in der Drechselbank eingespannt ist. Es fliegen die Späne. Innerhalb kurzer Zeit verarbeiten Franz-Joseph Assmuth und seine Kollegen ein rohes Stück Pflaumenbaum zu passgenauen Werkstücken, aus denen schließlich ein Kran für Bierfässer entsteht. In Düdinghausen fasste dieses Handwerk vor etwa 200 Jahren Fuß: Das Holz der Kirsch- und Pflaumenbäume, die um das Dorf herum wuchsen, verarbeiteten die Bewohner in ihren „Dreggestoben“ und verkauften die Produkte über wandernde Händler ins gesamte Deutsche Reich.

Informationen
Heimat- und Verkehrsverein Düdinghausen e.V.
Horst Frese
Am Südhang 4
59964 Medebach-Düdinghausen
www.duedinghausen-hsk.de

Öffnungszeiten:
April bis November
Do 15-17 Uhr
Gruppen nach Vereinbarung

In Medebach konnte mithilfe der NRW-Stiftung das Dachgeschoss der so genannten „Pastoren-scheune“ ausgebaut und als „Dreggestobe“ zur Darstellung des dorftypischen Kranendrechselhandwerks eingerichtet werden.

Heimat der Dreggestobe: die Pastoren-Scheune in Düdinghausen.

In der Dreggestobe fliegen die Späne. Jeder handgedrechselte Fasskran ist ein Unikat.

Nach dem Zweiten Weltkrieg verschwanden immer mehr Dreggestoben aus Düdinghausen: Die Kleinbetriebe waren nicht mehr konkurrenzfähig. Damit das „Dreggen" nicht komplett in Vergessenheit geriet, beschloss der Heimat- und Verkehrsverein vor etwa 20 Jahren den Aufbau einer historischen Dreggestobe. Geräte, Werkzeuge und typische Ausstattungsgegenstände wurden gesammelt, die angepachtete „Pastoren-Scheune" restauriert. In dem denkmalgeschützten Haus aus dem Jahr 1910, dem ehemaligen Wirtschaftsgebäude des Pfarrhauses, berichten Drechsler wie Franz-Joseph Assmuth Besuchern jetzt wieder von der unterschiedlichen Verarbeitung von Langholz und Querholz und stellen Teller, Dosen und Fasskräne her.

Die Obstbaumwiesen des Dorfes pflegt der Heimatverein mit viel Hingabe. Auch, um die für das Drechselhandwerk typische Kulturlandschaft zu erhalten. Im Hausladen der Dreggestobe sind wieder die hier hergestellten Produkte erhältlich: Schalen, Teller, Kinderkreisel – und natürlich die Fasskräne, für die der Ort bekannt ist, seit Düdinghausener Drechsler 1934 den „größten Holz-Bierkran der Welt" fertigten.

6 NUHNEWIESEN

Schnaken, Falter, Raupen und Spinnen – sieht so das Paradies aus? Für den kleinen „Wiesenschmätzer", heute besser bekannt als Braunkehlchen, durchaus. Der inzwischen seltene, etwa spatzengroße Vogel hat in den idyllischen Nuhnewiesen seinen idealen Lebensraum gefunden. Doch nicht nur für ihn ist das rund 70 Hektar große Gebiet bei Hallenberg im Hochsauerlandkreis ein Refugium: Es gewährt neben schützenswerten Pflanzen auch vielen anderen selten gewordenen Vögeln Unterschlupf.
Das Braunkehlchen, von dem es in Mitteleuropa immer weniger Exemplare gibt, findet hier perfekte Bedingungen vor: Die Nuhne durchquert das weitläufige Wiesengebiet mit vereinzelten Hecken, Bäumen und vielen feuchten Stellen. Als Insektenfresser ist das Braunkehlchen auf arten- und blumenreiches Grünland angewiesen.

Im Unterschied zu anderen Populationen der Region weisen die Nuhnewiesen in den letzten Jahren eine positive Entwicklung auf. Rund 40 Braunkehlchen-Brutpaare leben derzeit in dem Naturschutzgebiet und bilden einen der größten Bestände in Nordrhein-Westfalen.

Blühende Malve.

Auch viele andere Vögel haben die „Standortvorteile“ des Nuhnetals erkannt. Wiesenpieper und Sumpfrohrsänger bevölkern die weiten Flächen, der Feldschwirl macht im Frühsommer durch seinen heuschreckenartigen Dauergesang auf sich aufmerksam. Auch große Vogelarten wie Graureiher und Rotmilane schätzen das ausgedehnte Wiesenareal als Jagdrevier. Wer Glück hat, kann in den ruhigen Morgenstunden sogar den scheuen Schwarzstorch beobachten.

Da die meisten Wiesen heute viel stärker gedüngt und früher gemäht werden, haben solche Vögel immer weniger Rückzugsmöglichkeiten. Die Mahd zerstört Gelege, und die Vögel verlieren jegliche Deckung. Hinzu kommt, dass in den Vielschnittwiesen das Nahrungsangebot nicht ausreicht. Dank der Initiative von Naturschützern der Biologischen Station Hochsauerlandkreis mähen die Landwirte die Wiesen im Nuhnetal erst Anfang Juli, wenn die Jungen von Braunkehlchen und Wiesenpieper schon flügge sind. An Graben- und Wegrändern lassen die Bauern breite Streifen stehen, so finden die Tiere immer genug Nahrung. Das dichte Nebeneinander unterschiedlich bewirtschafteter Flächen verhindert Eintönigkeit der Reviere und verbessert die Lebensbedingungen der Vögel – die Bruterfolge haben nachweislich zugenommen.

Vier Milchbauern und drei Schäfer aus dem Nuhnetal ziehen mit den Naturschützern an einem Strang – nur durch diese Zusammenarbeit ist das Schutzprojekt so erfolgreich. Und das danken ihnen nicht nur die „Wiesenschmätzer“.

Informationen

Biologische Station Hochsauerland
Erlebnismuseum
Tel. 02977 / 15 24
www.erlebnismuseum-boedefeld.de

Das Naturschutzgebiet Nuhnetal liegt am südlichen Rand der Medebacher Bucht in der Nähe von Hallenberg.

Die NRW-Stiftung hat große Bereiche des Naturschutzgebietes Nuhnewiese erworben.

7 BORGS SCHEUNE

Noch vor einigen Jahren war sie ein abbruchreifes Fachwerkhaus inmitten des historischen Ortskerns, heute ist sie kultureller Mittelpunkt des Dorfes: Borgs Scheune in Winterberg-Züschen. Der 200 Jahre alte Fachwerkspeicher hat sich zum Konzertsaal und Theater, Museum und Vortragsraum gemausert – alles unter einem Dach. Zu verdanken ist dies den 14 Vereinen der Mittelgebirgsgemeinde. Anfang der 1990er-Jahre beschlossen sie, das Gemäuer unterhalb der Dorfkirche nicht weiter verfallen zu lassen, und gründeten einen Trägerverein.

Das Ergebnis war 1993 zur 750-Jahrfeier des Ortes zu bestaunen. Seither ist die authentisch wiederhergestellte Scheune ein beeindruckendes Denkmal und ein beliebter Veranstaltungsort, der zahlreiche Besucher aus vielen Teilen Deutschlands anlockt. Im urigen Ambiente finden regelmäßig Lesungen, Ausstellungen, Vorträge und Kammerkonzerte statt, die historische Webstube auf der Galerie ist zum festen Treffpunkt für die Vereine des Ortes geworden. Ein ausgesprochen enger Kontakt besteht seit vielen Jahren zur Biologischen Station Hochsauerlandkreis im nahen Bödefeld. Die Mitarbeiter der Station sind häufig mit Vorträgen in Borgs Scheune zu Gast und halfen auch dabei, hier einen kleinen Bauerngarten anzulegen.

Ein besonderes Bonbon hat die kleine, erlesene geologische Ausstellung der Borgs-Scheune mit dem „Züschener Quarzkeratophyrtuff“ zu bieten. Dieser Stein, für den Laien allenfalls ein „böhmisches Dorf“, versetzt Geologie-Experten in Entzücken. Doch gleich, ob Laie oder Experte: Spannend ist die Ausstellung für alle gleichermaßen.

Informationen

Borgs Scheune
Mollseifener Str. 17
59955 Winterberg
Tel. 02981 / 12 70
Tel. 02981 / 16 18
Web: www.zueschen.de

Öffnungszeiten:
Mai bis Oktober
Fr 15-17 Uhr
Sa 10-12 Uhr

Die NRW-Stiftung half bei der Restaurierung der Borgs Scheune, die heute als Begegnungs- und Veranstaltungsstätte dient.

8 BESTECKFABRIK HESSE

Woran erkennt man eigentlich, dass man auf dem richtigen Weg ist? Nun, man kann beispielsweise das „Besteck nehmen" – auf hoher See zumindest, denn in der Nautik hilft das Besteck (etwa der Sextant), den Ort des Schiffes nach geografischer Länge und Breite zu bestimmen. Landratten müssen sich freilich anders behelfen. Was sie trösten mag: Auch mit ganz normalem Essbesteck kann man durchaus „wegweisend" sein. Wer das bezweifelt, sollte dem sauerländischen Örtchen Fleckenberg einen Besuch abstatten. Dort sieht man nicht nur, wie aus einem Stück Blech ein Kaffeelöffel wird – man lernt auch Menschen kennen, die von der NRW-Stiftung mit dem „WegWeiser" ausgezeichnet wurden.

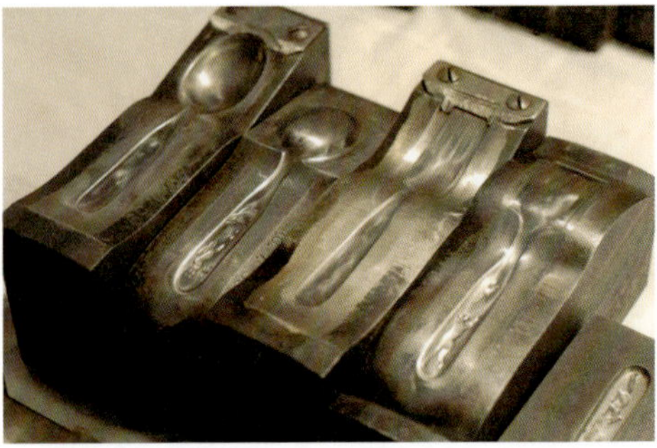

In der Besteckfabrik gehen Besucher Schritt für Schritt den Weg vom Blech zum Kaffeelöffel nach.

Das Zentrum der deutschen Klingen- und Messerindustrie liegt zwar bekanntlich in Solingen, das zum rheinischen Regierungsbezirk Düsseldorf gehört. Aber auch in Westfalen hat sich eine bekannte Besteckfabrik erhalten – die kleine Firma Hesse in Fleckenberg bei Schmallenberg. Meisterliche Messer, Gabeln und Löffel wurden gut 35 Jahre lang in der Fabrik gestanzt, geschmiedet, poliert und verpackt, ehe die kleinen Kunstwerke in alle Welt versandt wurden. Gut 45 Jahre Geschichte „mit Messer und Gabel" lagen hinter ihr, als die Fabrik im Jahr 1982 die Produktion endgültig einstellte. Bereits seit 1972 waren die Maschinen nicht mehr regelmäßig gelaufen, sondern vom Firmeninhaber Carl Hesse nur noch sporadisch zur Abwicklung von Einzelaufträgen in Gang gesetzt worden. Die Konkurrenten – insbesondere aus Japan – hatten sich als übermächtig erwiesen.

Die Fabrik blieb betriebsfähig, da aber die Produktion stilllag, dämmerte sie ungenutzt vor sich hin. Einem Fleckenberger Ehepaar ließ genau

■ In Schmallenberg-Fleckenberg wurde durch die NRW-Stiftung die behutsame Restaurierung der ehemaligen Besteckfabrik Hesse und deren Einrichtung als technisches Museum unterstützt.

diese Ruhe keine Ruhe. Zusammen mit Gleichgesinnten vom Fleckenberger Heimatverein machten sich Luise und Reinhard Adams daran, der Anlage neues Leben einzuhauchen. Damit haben Besucher die Gelegenheit, einen Blick hinter die Kulissen der einstigen Besteckfabrikation zu werfen.

Dank eines unermüdlichen Einsatzes gelang es, das denkmalgeschützte Fabrikgebäude in den Jahren 1997 bis 2000 zu sanieren und zu einem Technischen Museum zu machen. Zahlreiche Besucher haben hier inzwischen erlebt, wie jene Gebrauchsgegenstände entstehen, die wir alltäglich eher gedankenlos in die Hand nehmen, und welche Rolle dabei Geräte wie „Pendelwalze“ oder „Friktionsspindelpresse“ spielen. Im obersten Geschoss des Gebäudes wurde außerdem ein Kulturraum eingerichtet, der den Fleckenbergern für Veranstaltungen zur Verfügung steht.

Das heutige Museum ist in mehrfacher Hin-

Ein 900 Meter langer Mühlengraben führt Wasser der Lenne zur Fabrik und treibt deren Turbine an. Einen Teil seiner Betriebskosten trägt das Technische Museum somit selbst.

„Bevor man den Löffel abgeben muss, sollte man hier gewesen sein.“

Eintrag aus dem Gästebuch des Museums

Informationen

Besteckfabrik Flecken-berg, Wiesenstraße 11, 57392 Schmallenberg
Tel. 02972 / 63 96
www.besteckfabrik.com

Öffnungszeiten:
April bis Oktober:
Mo 15-17 Uhr
Mi 10-12 Uhr
Sa 15-17 Uhr
November bis März:
Sa 15-17 Uhr

Kinder

www.nrw-entdecken.de

sicht etwas Besonderes, denn es arbeitet gleichzeitig auch als Kraftwerk. Die Besteckfabrik liegt an der Lenne und nutzte deren Wasserkraft. Im Museum gibt es auch heute noch eine Turbine, die daraus elektrischen Strom erzeugt. An ihr Schwungrad können aber auch die Transmissionsriemen angekoppelt werden, mit denen die Pressen, Stanzen und Walzen der Fabrik buchstäblich „in Schwung" gebracht werden – doch das ist nur ein technisches Detail. Seinen wirklichen Schwung verdankt das industriegeschichtliche Juwel an der Lenne vor allem dem Ehepaar Adams, ohne das es vermutlich in Vergessenheit geraten wäre.

Im oberen Geschoss, im Kulturraum, gibt es einen Eintrag in das Gästebuch des Hauses. Der fasst die Eindrücke der Besucher prägnant zusammen: „Bevor man den Löffel abgeben muss, sollte man hier gewesen sein."

9 FEUERWEHRMUSEUM ARNSBERG

Vom Uniformknopf bis zum Leiterwagen: Einen umfassenden Überblick über alles, was mit Feuerwehr zu tun hat, präsentiert das neue Feuerwehrmuseum in Arnsberg. Es ist kein Museum, in dem die Exponate unantastbar in Vitrinen lagern, sondern ein Erlebnisort mit Ausstellungsstücken zum Anfassen und Ausprobieren: Fünf Feuerwehr-Oldtimer, zwei Motorräder, Pulveranhänger, Anhängeleitern, historische Ausrüstungsgegenstände und handgezogene Feuerwehrpumpen besitzt der Verein Arnsberger Feuerwehr Historie – die älteste der Pumpen stammt aus dem Jahre 1764. Nachdem sie einige Jahre in einem Mini-Museum auf dem Schlossberg gezeigt wurden, erhielten sie im Sommer 2011 ein neues Heim am Arnsberger Bahnhof. Hier gibt es auch wechselnde Ausstellungen, die immer neue Themen feuerwehr-historisch beleuchten.

Eines der älteren Stücke ist eine Pferdekutsche mit Leiter, die in den 1920er-Jahren noch im Einsatz war. Mit Spielen, Modellen und Simulationen wird die ganze Familie ins Museum gelockt. Die Angebote richten sich an Schulklassen und Kindergartengruppen ebenso wie an Seniorengruppen.

Informationen

Feuerwehrmuseum Arnsberg, Zu den Werkstätten, 59821 Arnsberg

Kinder

- Kindergeburtstage
- museumspädagogische Angebote

Mithilfe der NRW-Stiftung wurde ein Teilbereich des alten Bahnhofs in Arnsberg zu einem Feuerwehrmuseum umgebaut.

HSK-07
AR-265

AR
274

10 SÄGEMÜHLE REMBLINGHAUSEN

Sanft blinkt das Wasser des Mühlenteichs herüber, ein paar Schritte weiter grüßt die barocke Vierzehn-Nothelfer-Kapelle aus dem Jahr 1713. Die alte Sägemühle in Remblinghausen liegt abseits des Verkehrs in idyllischem Grün. Fast könnte man vergessen, dass hier bis 1983 noch hart gearbeitet wurde. Doch spätestens wenn man die Mühle betritt und einen Blick auf ihr eindrucksvolles Innenleben wirft, wird klar: Wenn die Bäume nicht in den Himmel wachsen, sondern stattdessen zu Brettern verarbeitet werden sollen, dann erfordert das Muskel- und Maschinenkraft.

Remblinghausen ist nicht groß, aber die Sägemühle bildete immer so etwas wie einen eigenen Ortsteil. An der Lage abseits des Dorfes hat sich auch im 21. Jahrhundert nichts geändert, und so genügt als Adresse für das Mühlengebäude nach wie vor ganz einfach die Bezeichnung „Sägemühle“. Erstmals urkundlich erwähnt wurde eine solche Mühle hier schon 1671. Vermutlich gab es sie aber schon viel früher.

■ In Meschede-Remblinghausen restaurierte die NRW-Stiftung die technischen Anlagen einer Sägemühle aus dem 19./20. Jahrhundert.

Seit 1919 wird die Anlage nicht mehr durch ein Mühlrad, sondern von einer Turbine angetrieben. Sie nutzt die Wasserkraft effektiver aus, was den Einbau einer „Transmission" erlaubte – eines komplizierten Systems aus Treibriemen und Riemenscheiben, mit dem sich unterschiedlichste Maschinen in Gang setzen ließen. Das war zuallererst natürlich die Sägevorrichtung selbst, das so genannte Horizontalgatter, bei dem sich das Sägeblatt waagerecht bewegt und der Baumstamm auf einem schienengeführten Wagen zur Säge vorgeschoben wird.

Doch die Sägemühle war mehr als nur eine „Bretterfabrik". Sie umfasste auch eine komplette Stellmacherwerkstatt, in der Pferdewagen, Kutschen und landwirtschaftliche Geräte hergestellt wurden. Selbst hölzerne Wäscheklammern gehörten lange zur Produktpalette. Zusätzlich war im Obergeschoss des Turbinenhauses auch noch eine große Dreschmaschine installiert, auf der die Bauern ihr Getreide dreschen lassen konnten. Besonders beeindruckend: In der Maschine prasselte das Korn mit solcher Wucht,

Informationen

Sägenmühlenverein e.V.
Remblinghausen
Sägemühle 17
59872 Remblinghausen

Die Sägemühle ist nicht durchgängig besetzt. Besichtigungen und Vorführungen werden gern nach telefonischer Absprache angeboten:
Hans Richard Meininghaus
Tel. 02 91 / 33 67
www.saegemuehle-remblinghausen.de

dass es im Lauf der Jahre sogar starke Bohlen zu durchlöchern vermochte.
Die Hauptattraktion unter all den urtümlichen Technikschätzen der Mühle aber ist zweifellos die Kleesamenenthülsungsmaschine, deren Räderwerk noch verwirrender ist als ihr Name. Ihre Räder und Rollen, ihre Transportbänder und ihr Elevator – eine Art „Klee-Lift" – dienten eigentlich nur zur Gewinnung von profanem Saatgut. Doch die rumpelnde Achterbahnfahrt, die der Kleesamen dabei nehmen musste, wird selbst hartnäckige Technikmuffel erfreuen.
Für die Mitglieder des Mühlenvereins bedeutete das „Projekt Kleemühle" viele Stunden Tüftelei. Zwar ist die Patentschrift noch vorhanden, die Mühlenbetreiber Josef Schulte im Jahr 1905 eingereicht hatte, doch im Laufe der Zeit erlebte seine Maschine so manche konstruktive Nachbesserung. Und so griffen die Mühlenenthusiasten lieber erst einmal zu Bindfäden, um sämtliche Bewegungsabläufe zunächst in aller Vorsicht nachvollziehen zu können. Erst als sie sich sicher waren, nicht mehr „den Faden zu verlieren", wurden echte Treibriemen gespannt.

Eine der Hauptattraktionen in der Mühle: die Kleesamenenthülsungsmaschine.

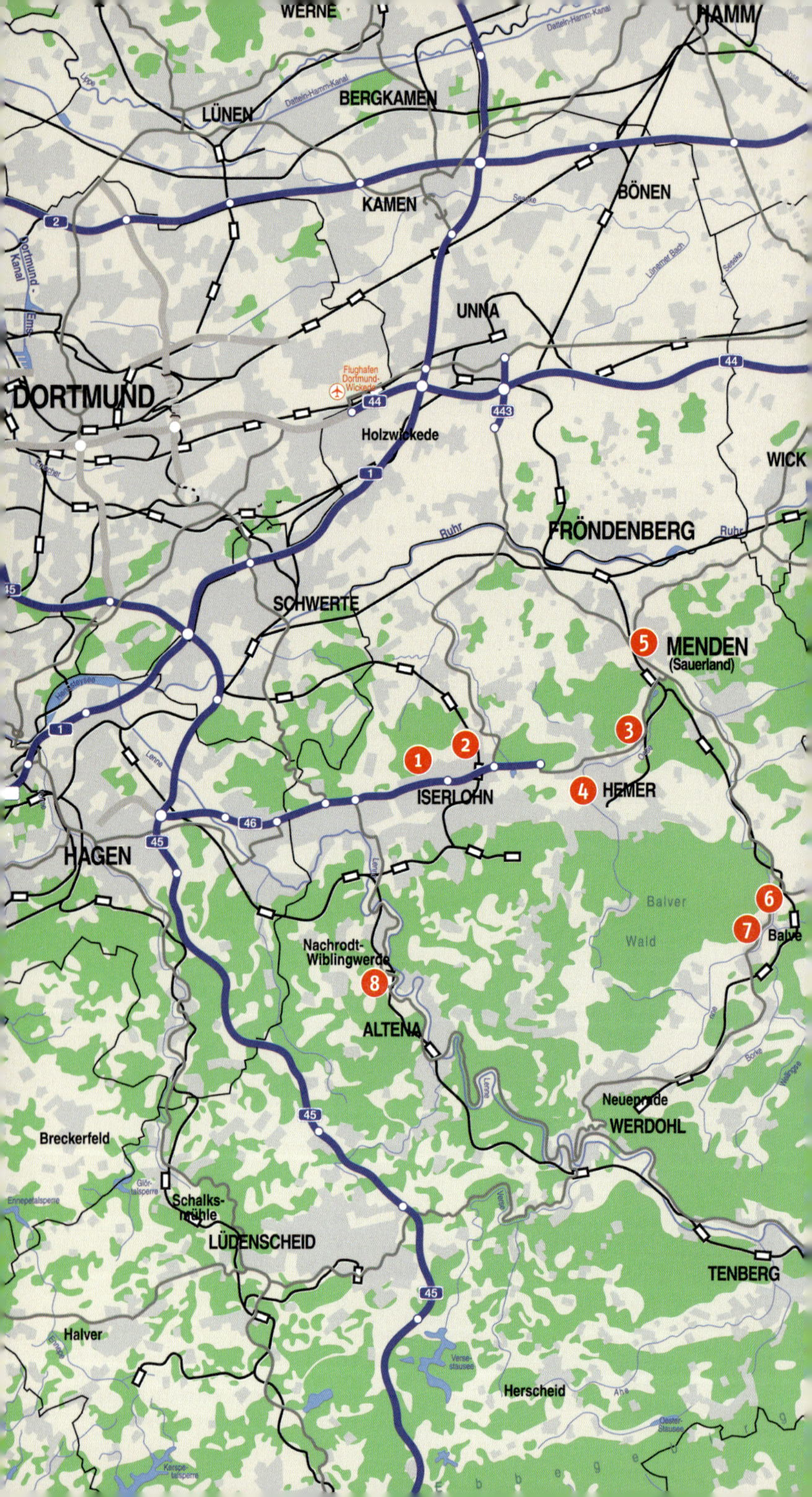

WERNE
HAMM
Datteln-Hamm-Kanal
BERGKAMEN
LÜNEN
Lippe
KAMEN
BÖNEN
Seseke
Lünener Bach
Dortmund-Ems-Kanal
UNNA
Flughafen Dortmund-Wickede
DORTMUND
Holzwickede
WICK
FRÖNDENBERG
Ruhr
SCHWERTE
MENDEN
(Sauerland)
HEMER
ISERLOHN
HAGEN
Lenne
Hengsteysee
Hönne
Balver
Wald
Balve
Nachrodt-Wiblingwerde
ALTENA
Neuenrade
WERDOHL
Breckerfeld
Schalksmühle
LÜDENSCHEID
Ennepetalsperre
Glörtalsperre
Verse
TENBERG
Halver
Versestausee
Herscheid
Ahe
Oestertalsperre
Kerspetalsperre
Borke
Wannuse
Ebbegebirg
1
2
3
4
5
6
7
8
1
2
44
443
45
46

RUND UM ISERLOHN

WÄLDER, HÖHLEN, DRAHT-GESCHICHTEN

Iserlohn ist mit rund 96.000 Einwohnern die größte Stadt des Sauerlandes. Die Oberste Stadtkirche mit ihrem gotischen Flügelaltar, die mittelalterliche Stadtmauer, die Pankratiuskirche aus dem 9. Jahrhundert, der barocke Bürgerpalast des Stadtmuseums und Fachwerkhäuser aus dem Spätmittelalter zählen zu den herausragenden historischen Bauwerken in Iserlohn und prägen den Charakter der Stadt, die aufgrund ihres grünen Umlandes auch die „Waldstadt" genannt wird. Touristischer Anziehungspunkt ist die Dechenhöhle, eine der größten und schönsten Tropfsteinhöhlen Deutschlands im Stadtteil

Bild oben:
Das Felsenmeer.

Letmathe. Ein Besuch des Höhlenmuseums veranschaulicht anhand von Grafiken, Fotografien und Ausstellungsstücken die Entstehungsgeschichte der berühmten Höhle, die 1868 zufällig von zwei Bahnarbeitern entdeckt wurde. Außerdem erläutert das Museum die Bedeutung der Höhlen für die Menschen seit der Steinzeit und stellt typische Höhlenbewohner aus dem Tierreich vor. Hauptattraktion ist die in Europa einmalige Nachbildung eines Höhlenbären der Eiszeit.

Einen Besuch wert ist auch die historische Fabrikanlage Maste-Barendorf mit Künstlerateliers, Café, Haarnadelfabrik und Gelbgießerei, in der regelmäßig Gießvorführungen stattfinden, und dem Nadelmuseum – Nadeln waren einst eines der wichtigsten Erzeugnisse, der in Iserlohn und Altena ansässigen Drahtindustrie. Die historische Fabrikanlage gilt als bedeutendste Industrieansiedlung aus dem 19. Jahrhundert im Märkischen Kreis. 1981 erwarb die Stadt Iserlohn die Anlage, die zwei Jahre später unter Denkmalschutz gestellt wurde. Ab 1985 wurde die Anlage zum Museums- und Künstlerdorf umgewandelt – von März bis Dezember ist die Fabrik Schauplatz von Konzerten, Kleinkunst und Ausstellungen.

Das „Deutsche Höhlenmuseum Iserlohn“ gewährt faszinierende Einblicke in vergangene Lebenswelten. Mittlerweile ausgestorben: der Höhlenbär.

Der Seilersee, der früher der Frischwasserzufuhr für die Kläranlage Iserlohn-Ost diente, ist heute eines der beliebtesten Naherholungsgebiete Iserlohns mit Minigolfanlage, Bootsverleih, Freibad, Tennisplätzen, Eissporthalle, Solebad und Wanderwegen, die unter anderem durch den angrenzenden Seilerwald zum 1915 fertig gestellten Bismarckturm führen. Insgesamt durchziehen rund 200 Kilometer gut markierter Wanderwege das Stadtgebiet; der historische Drahthandelsweg führt über 15 Kilometer und 700 Höhenmeter ins benachbarte Altena. Größte Sehenswürdigkeit und Wahrzeichen der Stadt ist die Burg aus dem 12. Jahrhundert, die hoch über der Lenne auf einem Hügel thront und auf eine wechselvolle Geschichte zurückblickt. Im Verlauf der Jahrhunderte zunehmend verfallen, diente sie als preußische Garnison, beherbergte das Kriminalgericht der Markschaft mit Gefängnis sowie ein Krankenhaus des Johanniterordens. Im Frühjahr 1906 gründete sich der Märkische Burgverein mit dem Ziel, die Burg bis zur 300-Jahr-Feier der Zugehörigkeit der Grafschaft Mark zu Preußen im Jahr 1909 wieder aufzubauen. Das hehre Ziel wurde verfehlt – erst 1918 waren die Arbeiten endgültig abgeschlossen. Doch bereits 1912 wurde hier die erste Jugendherberge der Welt eröffnet, die auch heute von Schülergruppen und Familien als günstige Übernachtungsmöglichkeit genutzt wird.

Das Museum der Grafschaft Mark, das heute ebenfalls in der Burg untergebracht ist, erzählt die Geschichte der Region von der Frühgeschichte über Mittelalter und Industriezeitalter bis zur Gegenwart.

Das Deutsche Drahtmuseum, das früher auch in der Burg untergebracht war, mittlerweile aber eigene Räumlichkeiten in einem ehemaligen Schulgebäude 300 Meter unterhalb der Burg bezogen hat, erinnert an den wichtigsten Industriezweig Altenas: Unter dem Motto „Vom Kettenhemd zum Supraleiter" wird die Geschichte des Drahtes in allen seinen Facetten erzählt.

Die Burg aus dem 12. Jahrhundert ist die größte Sehenswürdigkeit der Stadt Altena.

Einem gänzlich anderen Sujet widmet sich ein kleines Museum in Menden: Unweit der mächtigen St. Vincenz-Kirche aus dem 14. Jahrhundert mit ihrem barocken Hochaltar beherbergt der ebenfalls rund 700 Jahre alte Teufelsturm das „Heim der Westfälischen Fastnacht". Das Museum widmet sich dem Westfälischen Karneval.

Eines der beliebtesten Ausflugsziele der Region ist vor allem im Sommer die Sorpetalsperre bei Sundern. Ihre Ufer werden von zahlreichen Campingplätzen gesäumt, auf dem See lässt sich jede erdenkliche Form von Wassersport ausüben, auch bei Radlern und Wanderern ist die Region rund um den See beliebt. Und in Sundern erinnert das Heinrich-Lübke-Haus an den bekanntesten Sohn der Stadt: Bundespräsident Heinrich Lübke wurde im Stadtteil Enkhausen geboren.

Faszinierende Kalkstein-
konstellationen ziehen
sich durch das 17 Kilome-
ter lange Höhlensystem der
Dechenhöhle.

1 DECHENHÖHLE

Überall in den fantastischen Kammern und Sälen, die die Natur hier tief im Berg geschaffen hat, glitzern bizarre Tropfsteinformationen – filigrane Gespinste und mächtige Säulen, manche über 400.000 Jahre alt. Ein kleiner Teich schimmert in unwirklicher Klarheit, und die feuchtkühle Luft scheint wie ein Hauch aus kalter Vorzeit zu sein. Knochen längst ausgestorbener Tierarten haben die Forscher hier gefunden, Überreste von eiszeitlichen Bären, Löwen und Nashörnern. Wie sahen sie aus und wie haben sie gelebt? Und was haben die sauerländischen Höhlen mit Dinosauriern zu tun? Licht ins unterirdische Dunkel bringt jetzt das neu eröffnete „Deutsche Höhlenmuseum Iserlohn".

Größe ist nicht alles, lernt man hier. So konnten etwa eiszeitliche Höhlenbären zwar bis zu dreieinhalb Meter groß werden und sie überragten damit ihre Verwandten, die Braunbären, bei weitem. Aber sie sind ebenso ausgestorben wie die mähnenlosen Höhlenlöwen, die größer waren als heutige Löwen. Zu den bedeutendsten Schätzen der Dechenhöhle gehört ein sehr kleines Skelett von kaum 30 Zentimetern Länge – der 150.000 Jahre alte Rest eines Höhlenbärenbabys, das offenbar nur wenige Tage gelebt hat. Wie es als erwachsenes Tier ausgesehen hätte, zeigt eins von mehreren lebensgroßen Modellen, die im Höhlenmuseum die eiszeitliche Tierwelt veranschaulichen. Man lernt dabei, dass die „Höhle des Löwen" in der Eiszeit eher ein Platz für Bären war. Denn die hielten in Höhlen regelmäßig ihren langen Winterschlaf ab, während es Höhlenlöwen – trotz ihres Namens – nur gelegentlich dorthin verschlug.

„Denn zuerst, meinst du wohl, dass dergleichen Menschen von sich selbst und voneinander je etwas anderes gesehen haben als die Schatten, welche das Feuer auf die ihnen gegenüberstehende Wand der Höhle wirft?"

Platon, „Politeia, Siebentes Buch, Das Höhlengleichnis"

„Bärenschliff" nennt man es, wenn die Höhlenbären an unterirdischen Felswänden Kratz- und Schleifspuren hinterlassen haben. Es erscheint fast unglaublich, dass man solche Spuren heute noch finden kann, sind ihre Verursacher doch bereits vor 16.000 Jahren ausgestorben. Aber das Denken in großen Zeiträumen ist eine Be-

dingung für die Beschäftigung mit Höhlen: So wächst etwa ein Tropfstein in zehn Jahren nur einen einzigen Millimeter! Die meterhohen Gebilde, bei denen sich die nach unten wachsenden Stalaktiten mit den emporstrebenden Stalagmiten irgendwann zu einer „Säule“ verbinden, sind also immer viele Jahrtausende alt – nicht selten sogar mehrere Hunderttausend Jahre. Denn Tropfsteine stellen ihr durch Kalkablagerung verursachtes Wachstum in langen Kälteperioden oft ganz ein.

Gehemmtes Wachstum – genau das war auch das Problem des alten Museums an der Dechenhöhle. Auf nur 120 Quadratmetern fristete es sein Dasein jahrelang in einer Art Baracke. Dass das kleine Museum modernen Ansprüchen nicht mehr genügte, empfanden auch Dr. Stefan Niggemann und seine Mitstreiter so, die im Jahr 2001 den „Förderverein Dechenhöhle und Höhlenkundemuseum e.V.“ gründeten.

Ihr Plan: In der leer stehenden Gaststätte „Haus Dechenhöhle“ sollte eine größere und schönere Ausstellung entstehen. Engagement und viel Eigenleistung des Vereins sorgten dafür, dass das neue Museum dann im Juni 2006 eröffnet werden konnte.

Die Höhlenexperten Stefan Niggemann und Elmar Hammerschmidt bestreiten seitdem den laufenden Betrieb praktisch allein aus Eintrittsgeldern. Von den 300.000 Besuchern, die in der frühen Nachkriegszeit alljährlich zur Dechenhöhle kamen, können die beiden Museumsbetreiber heute zwar nur noch träumen – die Konkurrenz der Freizeitangebote ist immer größer geworden. Doch 60.000 Menschen sind es nach wie vor, die Jahr für Jahr eine der schönsten Höhlen Deutschlands besuchen, um hier unterirdische Wunder wie die „Kapelle", die „Kristallgrotte" oder die „Wolfsschlucht" zu bestaunen.

Das Museum vertieft das Ausflugserlebnis im wahrsten Sinne des Wortes, denn es spannt einen weiten Informationsbogen: von den gigantischsten Hohlräumen der Welt wie der 2.000 Meter tiefen Krubera-Höhle in Georgien über eindrucksvolle Reproduktionen steinzeitlicher Malereien bis hin zur sprichwörtlichen „Räuberhöhle", in der lichtscheue Dunkelmänner und Falschmünzer ihren verborgenen Geschäften nachgingen. Den Kindern gilt im Museum besondere Aufmerksamkeit. Bei Gruppenterminen dürfen sie sich im Labor etwa als kleine Forscher betätigen und bei Geburtstagen auch einmal die Nebengänge der Dechenhöhle erkunden.
Sonderveranstaltungen locken auch die Erwachsenen. Dazu gehören etwa Konzerte, die die Dechenhöhle zu einem beeindruckenden Klangraum machen. Bei alldem sollte man allerdings nicht vergessen, dass auch diese Höhle in erster Linie ein wertvolles Naturdenkmal ist. Als „Schauhöhle" wirbt sie für den Erhalt unschätzbarer Zeugnisse der Erdgeschichte und sorgt zugleich für eine Kanalisierung des Besucherinteresses, denn die meisten Höhlen sind – um sie vor Schäden zu bewahren – öffentlich nicht zugänglich.

Zwar lehrte schon der griechische Philosoph Platon Erkenntnistheorie gerne anhand seines viel zitierten Höhlengleichnisses. Zum Publikumsmagneten wurden die unterirdischen Welten aber erst sehr viel später. Einer der ersten „Höhlentouristen" hieß Johann Wolfgang von Goethe. 1776 ließ er sich die berühmte Baumannshöhle im Harz zeigen. „Ich fühlte mich dadurch gar schön bereichert", schrieb er noch Jahrzehnte später.

Nachdem man 1868 bei Arbeiten an der Bahnstrecke Letmathe-Iserlohn auf die Dechenhöhle gestoßen war, fanden sich auch hier schnell bekannte Namen ein. Zu ihnen gehörte Johann Carl Fuhlrott, der Entdecker des Neanderthalers, der auf neue Funde hoffte. Doch Spuren früher menschlicher Anwesenheit sind in der Dechenhöhle bislang nicht aufgetaucht, anders als in der nahe gelegenen Sonderhorst-Spaltenhöhle, in der diese Spuren allerdings auch „nur" bis in die Bronzezeit zurückreichen.

Heutzutage ist „menschliche Anwesenheit" in der Dechenhöhle – die ihren Namen übrigens dem Geologen Heinrich von Dechen (1800–1889) verdankt – gang und gäbe. Schon bald nachdem sie bekannt geworden war, strömten viele Neugierige herbei. Um zu vermeiden, dass sie ihr Sightseeing wie Goethe in der Baumannshöhle teilweise auf dem Bauch kriechend absolvieren mussten, ließ man die Dechenhöhle rasch ausbauen und beleuchten, sodass fortan die Besichtigung „auch für Damen empfohlen" werden konnte. Dieser Empfehlung kann man sich nach wie vor anschließen.

Informationen

Dechenhöhle und Deutsches Höhlenmuseum
Dechenhöhle 5
59644 Iserlohn
Tel. 02374 / 714 21
www.dechenhoehle.de

Öffnungszeiten:
Höhlenmuseum und Dechenhöhle sind ganzjährig geöffnet, die Höhle kann nur mit Führung besichtigt werden. Feste Führungszeiten sind 10.30 Uhr, 12.00 Uhr, 14.00 Uhr, 15.30 Uhr und (von April bis Oktober) 16.30 Uhr. Zusätzliche Führungen sind nach Vereinbarung möglich. Genaue Öffnungszeiten sind im Internet zu finden.

Kinder

- Kindergeburtstagsführungen

www.nrw-entdecken.de

Mit Unterstützung der NRW-Stiftung konnte das benachbarte Gebäude zum Besucherzentrum ausgebaut werden.

2 FABRIKANLAGE MASTE

Die ehemalige Fabrikanlage Maste-Barendorf ist eine in ihrem ursprünglichen Charakter noch erhaltene Industrieansiedlung aus dem 19. Jahrhundert im Märkischen Kreis. Die Iserlohner Fabrikanten Duncker und Maste errichteten hier 1822 ein Messingwalzwerk am Baarbach nördlich von Iserlohn. Anfangs entstanden ein Walzen- und ein Glühofengebäude nebst einem Wasserrad, das für den Betrieb genutzt wurde. Im Laufe der Zeit kamen zahlreiche weitere Gebäude hinzu: ein Gießhaus, ein Stampfhaus, eine Lötschmiede, ein Schleifgebäude, eine Drahtzieherei und eine Eisengießerei. Ebenso entstanden eine Ahlenschmiede, ein Sandhaus, eine Pocherei und eine Feilenhauerschmiede.
In Iserlohn war es nie notwendig, die Nadel im Heuhaufen zu suchen. Die Nadelherstellung war einer der bedeutendsten Produktionsbereiche der städtischen Wirtschaftsgeschichte. Zudem wurden Möbel- und Türbeschläge, Türklinken, Tischglocken und Kerzenleuchter produziert und weltweit exportiert.
Die ursprüngliche Bausubstanz der zehn zum Teil aneinander gebauten Häuser ist bis auf ge-

SEHENSWERT

Stadtmuseum
Das Iserlohner Stadtmuseum liegt gleich gegenüber dem Fabrikhaus. Untergebracht in einem der schönsten Barockgebäude Iserlohns finden sich hier jede Menge spannende und lebendige Darstellungen der historischen Entwicklung der Stadt.

■ Informationen
Fritz-Kühn-Platz 1, 58636 Iserlohn, Tel. 02371/ 217-1960 bis -1964
Di-So 10-17 Uhr
Do 10-19 Uhr

■ In Iserlohn unterstützte die NRW-Stiftung die Ausstellung in der „Fabrikanlage Maste-Barendorf“.

ringe Teile heute noch vorhanden und substanziell weitgehend unverändert. Ab 1985 begann der Aufbau des Museums- und Künstlerdorfes in der Historischen Fabrikanlage Maste-Barendorf. Neben mehreren Ateliers befinden sich hier das Nadelmuseum und die Gelbgießerei. Es finden jährlich mehrere Vorführungen statt.

Informationen

Historische Fabrikanlage
Maste-Barendorf
Baarstraße 220 - 226
58636 Iserlohn
Tel. 02371 / 217 16 01
Buchung von Führungen:
Tel. 02371 / 19 63
www.museen-iserlohn.de

Öffnungszeiten:
Do 14-18, Fr 14-16,
Sa/So 11-16 Uhr,
für Gruppen auch an allen anderen Tagen.

Kinder

- Umwelt- und museumspädagogische Angebote
- Führungen für Schulklassen

3 APRICKE

Im Natur-Erlebnisgebiet Apricke in Hemer herrscht eine erstaunliche Vielfalt, auch was die Herkunft der Weidetiere betrifft: Während die Ziegen aus der Wahner Heide bei Köln stammen und die Heckrinder aus dem Naturschutzgebiet Stilleking bei Lüdenscheid, lebte der Hengst „Sir“ vor seinem Umzug nach Hemer mehrere Jahre im Merfelder Bruch, der traditionellen Wildpferdebahn im münsterländischen Dülmen. Doch inzwischen gibt es auch die ersten Apricker „Eigengewächse“, denn die Dülmener Stuten haben Fohlen bekommen.

Mitte Mai 2010 wurde „Uschi“, die Tochter von Skadi, geboren, und Anfang Juni bekam auch Stute Maja ihr erstes Fohlen, das „Martina“ heißt. Zwei weitere Fohlen erblickten kurz darauf das Licht des Sauerlandes. Die Geburten verliefen schnell und unkompliziert, menschliche Helfer waren dabei nicht gefragt. „Da merkt man das Erbe der Wildpferde!“, freut sich Pfer-

Informationen

Naturschutzzentrum Märkischer Kreis e.V.
Grebbecker Weg 3
58509 Lüdenscheid
Tel. 02351 / 432 - 42 40
www.naturschutzzentrum-mk.de

Die NRW-Stiftung unterstützte den Kauf großer Teile des früheren Standortübungsplatzes Apricke. Das Gebiet wird vom Naturschutzzentrum Märkischer Kreis e. V. betreut.

dekenner Heinrich Oedekoven, der die Dülmener Pferde betreut und täglich nach dem Rechten sieht.

Dass die Tiere heute auf dem ehemaligen Panzerübungsplatz Apricke ein neues Zuhause gefunden haben, verdanken sie der NRW-Stiftung und der Stadt Hemer. Nachdem der militärische Übungsbetrieb eingestellt worden war, kauften beide das Gelände im Jahr 2007 und sicherten es so dauerhaft für den Naturschutz und die Naherholung. Schutzwürdig war das Gebiet schon länger, denn die Fahr- und Schießübungen erlaubten eine Landwirtschaft nur in naturverträglicher Form. Wenn Leopard-Panzer und Soldaten Pause hatten, weideten Schafe auf dem Gelände. So entwickelten sich auf den ungedüngten Böden buntblumige Magerrasen, die vielen gefährdeten Tier- und Pflanzenarten Lebensraum boten. Kürzlich hat sich sogar ein Pärchen Flussregenpfeifer in Apricke niedergelassen und durchziehende Steinschmätzer waren bis in den Juni dort. „Vielleicht brüten die nächs-

Seit dem Frühsommer 2010 gibt es die ersten Apricker Fohlen. Sie bleiben meist dicht bei ihren Müttern.

tes Jahr auch hier", hofft Hans Obergruber, der Leiter der Naturschutzstation Märkischer Kreis, „als Lebensraum ist das Gebiet gleich neben dem Gelände der Landesgartenschau 2010 für sie wie gemacht."

Das Gebiet wird vom Naturschutzzentrum Märkischer Kreis betreut. Obergruber und seine Mitarbeiter bieten in dem Gebiet geführte Wanderungen an, und Schülergruppen nutzen das „Grüne Klassenzimmer" für Anschauungsunterricht in Sachen Natur. Besucher können das hügelige Gelände aber auch auf eigene Faust erkunden. Dafür wurden Rundwege angelegt, die teilweise ehemalige Panzerstraßen nutzen. Informationstafeln geben Hinweise auf die Geschichte des Gebiets, nennen wild lebende Pflanzen und Tiere und erklären, was es mit den vierbeinigen Landschaftspflegern auf sich hat. Nicht jeder Besucher weiß zum Beispiel, dass Ziegen Baumrinde und dornige Sträucher nicht aus Not fressen, sondern solche Nahrung durchaus schätzen. Damit lassen sie sich sehr effektiv zur Beseitigung unerwünschter Gebüsche einsetzen. Nachdem die „sieben Geißlein" die Gehölze weggeknabbert haben, überlassen sie einer Schafherde das Feld. Die Heckrinder

Infotafeln geben den Besuchern Hinweise zur Herkunft und Lebensweise der Weidetiere auf dem ehemaligen militärischen Übungsgelände.

Blick vom Hoppenberg auf den Balver Wald.

nehmen dagegen die „ökologische Planstelle" der ausgestorbenen Auerochsen ein. Sie weiden Laub genauso gern wie trockenes Gras. Mit ihren unterschiedlichen Vorlieben für bestimmte Futterpflanzen ergänzen sich die Huftiere und bewahren so die alte Weidelandschaft. Dadurch bleibt sie Lebensraum für selten gewordene Naturschönheiten wie Heidenelke, Bienenragwurz, Feldlerche und Neuntöter.

SEHENSWERT

Sauerlandpark

Über eine Million Menschen besuchten die Landesgartenschau (LaGa) 2010 auf dem Areal der ehemaligen Blücher Kaserne in Hemer.

Während sich auf dem ehemaligen Truppenübungsplatz nun Wildpferde tummeln, bleibt unter dem neuen Namen „Sauerlandpark" das LaGa-Gelände bestehen – etwa als Veranstaltungsort für Open-Air-Konzerte. Auch so erfolgreiche Aktionen wie das „Grüne Klassenzimmer" werden fortgesetzt. Der ehemalige Exerzierplatz wurde zur Gartenschau in einen „Himmelsspiegel" verwandelt, und wie im Sauerland üblich führt eine Himmelsleiter auf einen Berg: Über 343 Stufen geht es auf den Jübergturm. Anstrengend und trotzdem entspannend.

■ Informationen
www.hemer.de/sauerlandpark

4 HEINRICHSHÖHLE

SEHENSWERT

Stalag VI A

Es ist das dunkelste Kapitel der Felsenmeerstadt: Zwischen 1939 und 1945 stand auf dem heutigen Gelände des Sauerlandparks das vermutlich größte Kriegsgefangenenstammlager auf deutschem Boden: Stalag VI A. Die grausamen Verbrechen dieser Zeit sollen nicht verschwiegen werden. Deshalb richtete man hier eine sehenswerte Gedenkstätte ein.

■ Informationen
www.hemer.de/sauerlandpark

Unterwelt, ein Netz aus engen dunklen Gängen, kühle feuchte Luft. Plötzlich wird eine bizarre Landschaft im Schein der Lampen sichtbar: fantastische Schluchten, schmale Kriechgänge und aufragende Felsspalten. Tropfsteine wachsen Eiszapfen gleich dem Boden entgegen oder recken ihre Spitzen gen Himmel. Kristallene Becken werfen Funken an die Wand. Regent dieser unterirdischen Eislandschaft im sauerländischen Hemer ist „Heinrich", ein alter Höhlenbär, benannt nach dem Vornamen seines Entdeckers.
Das Skelett des knapp 10.000 Jahre alten Heinrich können Besucher in der nach ihm benannten Heinrichshöhle bestaunen. Während der letzten Eiszeit bezog der Herrscher auf vier Pranken sein unterirdisches Reich und nutzte es als Unterschlupf und Schlafstätte.
Einer der letzten Höhlenbesitzer fand die Reste des Vierbeiners vor ungefähr 100 Jahren als Knochen im Matsch der Höhle und schickte sie nach Berlin. Zurück kam ein „vollständiger Heinrich", der dann auch sofort sein Domizil im Erdinneren bezog. Seit die Tropfsteinhöhle 1905 als

Schauhöhle eröffnet wurde, ist der Höhlenbär eine Attraktion.
Auch wenn der Urahn von Meister Petz kein wärmendes Fell mehr trägt, so wirkt sein 2,50 Meter langes Skelett mit dem mächtigen Kopf und den breiten Schulterblättern sehr imposant. Das Knochengerüst des Höhlenbewohners ist fast vollständig erhalten. Doch der Zahn der Zeit hatte seine Spuren hinterlassen: Pilze und die hohe Luftfeuchtigkeit der Höhle haben dem Skelett so zugesetzt, dass es 2003 im Naturkundemuseum in Münster restauriert werden musste. Die Ausbesserung von Meister Petz dauerte insgesamt drei Monate. Im westfälischen Museum für Naturkunde in Münster wurde Heinrich in seine Einzelteile zerlegt. Mit Messingbürsten und Skalpellen haben Tierpräparatoren die Originalknochen von der alten braunen Lackschicht befreit, getrocknet und anschließend mit Kunstharz getränkt. Ein Edelstahlgestell gibt dem Knochengerüst den notwendigen Halt. Nach dieser Erfrischungskur erstrahlt Heinrich wieder in königlichem Glanz. Um seine empfindlichen Knochen künftig zu schützen, hat Heinrich ein lauschiges Plätzchen hinter Isolierglas bekommen – Heizung, Halogenbeleuchtung und Zierkies inklusive.

Informationen

Höhlen- und Karstkundliches Informations-Zentrum (HIZ) an der Heinrichshöhle
Felsenmeerstr. 32
58675 Hemer-Sundwig
Tel. 02372 / 615 49
www.hiz-hemer.de

Öffnungszeiten:
15. März bis 1. November:
Mo-So 10-18 Uhr (letzte Führung ca. 17.15 Uhr)

Kinder

- pädagogische Programme für verschiedene Altersklassen
- Kindergeburtstage
- Sonderveranstaltungen in den Schulferien

www.nrw-entdecken.de

Die NRW-Stiftung hat das Höhlen- und Karstkundliche Informationszentrum (HIZ) in Hemer bei der Ausstattung der Heinrichshöhle unterstützt und bei der Restaurierung des Bärenskeletts geholfen.

5 KARNEVALSMUSEUM, POENIGENTURM UND SCHMAROTZERHAUS IN MENDEN

Menden war in seiner Geschichte immer wieder das Ziel kriegerischer Angriffe. Nachdem 1344 die bisherige Stadtbefestigung zerstört worden war, ließ Erzbischof Walram von Köln die Stadt mit einer soliden Mauer mit zehn Türmen und Stadttoren umgeben.

Der Teufelsturm ist einer der Stadttürme der Befestigungsanlage aus dem 14. Jahrhundert. Lange Zeit war er der Kerker für die Gefangenen, die der kurfürstlichen Gerichtsbarkeit unterstellt waren. Der Überlieferung nach soll der „Duivels- oder Düfelsturm" seinen Namen im Mittelalter zur Zeit der Hexenverfolgung erhalten haben, als in ihm der Hexerei angeklagte Frauen und Männer eingekerkert waren.

An seiner Wetterfahne erkennen Karnevalsfreunde heute, dass es sich um mehr als nur um ein Baudenkmal handelt: Ende der 1970er-Jahre fiel der halb verfallene Turm der Mendener Karnevalsgesellschaft Kornblumenblau (MKG) auf. In mehr als 10.000 Stunden Eigenleistung und mit hohem finanziellen Einsatz renovierten

Hält die Fäden in der Hand: Klaus Dambachmayr ist Vorsitzender der Mendener Karnevalsgesellschaft „Kornblumenblau".

die Mitglieder den Turm. Seit 1981 ist hier das Museum zur Geschichte der Westfälischen Fastnacht und ihres Brauchtums untergebracht. Es ist das „offizielle Museum" des Bundes Westfälischer Karneval, dem immerhin 200 Karnevalsgesellschaften angehören.

Im Teufelsturm ist das ganze Jahr über Karneval.

Mit dem Karneval oder der Fastnacht ist es wie mit vielen anderen Bräuchen auch: Man praktiziert sie, wie man es schon immer getan hat, ohne eigentlich zu wissen, warum. Warum feiert man Karneval, warum verkleidet man sich, warum gibt es Büttenreden und Tanzgarden oder warum gehört auch das Essen und Trinken dazu? Gibt es eigentlich einen Unterschied zwischen Karneval und Fastnacht? Auf diese und viele andere Fragen gibt die Ausstellung im Mendener Museum eine Antwort.

Zum 25. Geburtstag des Museums wurde der Turm gründlich renoviert und die Ausstellung neu konzipiert. Moderne Medientechnik und aussagekräftige Exponate haben den Teufelsturm zu einem Erlebnis-Museum werden lassen. Wer das Heim der westfälischen Fastnacht verlässt und weiter der mittelalterlichen Stadtbefes-

Steht natürlich im Teufelsturm: der Hoppeditz.

tigung folgt, dem fällt auf, dass heute nur zwei von ehemals zwölf Mauertürmen erhalten sind: Unweit des Teufelsturms steht der viergeschossige, mit einer Pyramidenhaube gedeckte bruchsteinerne Poenigenturm. Auch dessen Inneres ist inzwischen restauriert und für die Bürger zugänglich gemacht worden. Zudem hat das beliebte neue Stadtmodell in dem Jahrhunderte alten Turm eine neue Heimat gefunden.
Von der mittelalterlichen Stadtmauer ist zudem noch ein kleines, freistehendes Stück vorhanden: Es befindet sich an der Rückseite des Schmarotzerhauses.
Schmarotzerhaus? – Nun, die eigenen vier Wände weiß jeder zu schätzen. Doch auch Wände kosten Geld. Wäre es da manchmal nicht viel günstiger, sich einfach eine Hauswand zu leihen? Das kleine Fachwerkhaus zeigt, wie so etwas geht: Als es im frühen 18. Jahrhundert erbaut wurde, da begnügte es sich mit drei eigenen Wänden, lehnte sich dafür aber mit der Rückseite kurzerhand an die Stadtmauer an. Schmarotzerhaus wird es deswegen liebevoll-spöttisch genannt. Die Menschen, die hier wohnten, führten jedoch alles andere als ein Schmarotzerleben, es waren zumeist Handwerker, die für ihren Lebensunterhalt schwer arbeiten mussten.
Einsturzgefährdet, unbewohnt, das Gebäude vom Schwamm zerfressen – 1986 wurde das

Informationen

Teufelsturm – Heim der westfälischen Fastnacht
An der Stadtmauer 49
58706 Menden
Tel. 02373 / 126 66
www.teufelsturm-menden.de

Poenigenturm
Turmstraße 13
58706 Menden
Tel. 02373 / 39 22 00
www.mendener-stiftung.de

Schmarotzerhaus
An der Stadtmauer 5
58706 Menden
Tel. 02373 / 39 22 00
www.mendener-stiftung.de

Die NRW-Stiftung unterstützte die Restaurierung des Schmarotzerhauses und den Ausbau des Poenigenturms. Zudem half sie bei der Erneuerung der Ausstellungseinrichtung des Karnevalsmuseums im Teufelsturm.

Das Schmarotzerhaus erzählt vom harten Alltagsleben eines Mendener Tagelöhners.

Neben dem Schmarotzerhaus ist noch ein Teil der alten Stadtmauer zu sehen.

Mendener Schmarotzerhaus zwar unter Denkmalschutz gestellt, weil es an einen Gebäudetyp erinnert, der anderswo fast immer zum Opfer von Umbau oder gar Abriss wurde. Bis zum Auftauchen eines Rettungsengels für das darbende Bauwerk sollten aber trotzdem noch 20 Jahre vergehen. Die Wende kam erst, als der Mendener Bürger Peter Hoppe 2007 in seiner Stadt die „Stiftung Denkmal und Kultur" gründete. Ihm gelang es, die Stadtväter davon zu überzeugen, dass das Schmarotzerhaus als Standort eines kleinen Museums eine Zukunft haben könne.

Genau 300 Jahre nach seiner Erbauung wurde das frisch restaurierte Schmarotzerhaus im Herbst 2009 für das Publikum eröffnet. Es ist eingerichtet mit Werkstätten, Möbeln, Schlafgelegenheiten und Hausgerät aus der Zeit von 1900 bis 1930 und erzählt vom harten Alltagsleben eines Mendener Tagelöhners und seiner kinderreichen Familie.

Da andernorts vielfach nur die noblen Häuser von Patriziern, Adeligen oder besser situierten Handwerkern erhalten sind, hat dieses Arme-Leute-Haus, das über drei Jahrhunderte in seiner Grundstruktur unverändert geblieben ist, heute einen beispielhaften Seltenheitswert für das Leben der Menschen, die eben nicht wohlhabend waren.

6 HOCHOFEN LUISENHÜTTE

Eine Hütte, ein Ofen, ein Wasserrad – doch das scheinbare Idyll trügt. Der Ofen dieser Hütte ist ein gefräßiger Riese. Obwohl er den Wald in seiner Umgebung bereits verschlungen hat, treibt das Wasserrad unermüdlich die Blasebälge an, die seinen Appetit wieder und wieder anfachen. Bergleute und Köhler schaffen für ihn ohne Unterlass Eisenerz und Holzkohle herbei, aber der Riese verlangt täglich nach mehr. Das ist kein Grimmsches Märchen, sondern historische Realität: Den ältesten erhaltenen Holzkohle-Hochofen Deutschlands findet man in der Luisenhütte in Balve-Wocklum. Er ist ein technisches Monument von nationalem Rang, das seit Sommer 2006 als Industriemuseum für Besucher geöffnet ist.

„Feuer und Wasser – Luise heizt ein!“

Zugegeben – die in herrlicher Landschaft gelegene Luisenhütte wirkt von außen gar nicht so riesig. Doch wer über die große Rampe auf den Möllerboden steigt und von dort einen Blick in die tiefe Ofenöffnung wirft, dem wird vielleicht doch ein bisschen schwindlig. Über viele Treppenstufen geht es weiter hinunter an den Fuß

Die NRW-Stiftung half bei der Einrichtung einer Ausstellung in der historischen Luisenhütte in Balve.

Lichtspuren zeigen, wo früher das glühende Eisen floss.

des Ofens, der so hoch ist wie ein mehrstöckiges Haus. Zweimal am Tag floss früher beim Abstich unten das glühende Eisen heraus.
Bis ins 17. Jahrhundert lassen sich die Anfänge des Wocklumer Eisenwerks zurückverfolgen, doch Luisenhütte heißt es erst seit 1835. Namenspatronin war Luise von Landsberg, die Ehefrau des Hüttenbesitzers Johann Ignaz von Landsberg (1788–1863). Eine Adelsfamilie als Montanunternehmerin – das gehört zu den Wocklumer Besonderheiten. Die Freiherren von Landsberg gründeten das Werk 1748 und nahmen es 1758 in Betrieb. Ihre Wälder sicherten zunächst auch den Kohlenachschub, bis sich gegen Ende des 18. Jahrhunderts Engpässe abzeichneten, die damals einer allgemeinen Entwicklung entsprachen: „In vielen Gegenden unseres Landes verbreitet sich mit verdoppelten Schritten und mit unaufhaltsamer Eile Holzmangel“, mahnte 1801 eine besorgte Stimme im südlichen Westfalen.
Um der drohenden Misere Herr zu werden, kooperierte Johann Ignaz mit dem Münsteraner Pharmazeuten Friedrich Herold, der ein „chemisches“ Verfahren zur Herstellung von Holz-

SEHENSWERT

Museum für Frühgeschichte

Auf dem Gelände der Luisenhütte befindet sich auch das Museum für Vor- und Frühgeschichte, das in den Räumen des ehemailigen Wocklumer Stabhammers nach umfangreichen Umbaumaßnahmen wieder eröffnet wurde. Das Museum thematisiert Balve als Fundort bedeutender paläontologischer und prähistorischer Relikte. Unter dem Motto „Erdschätze – Menschenspuren“ gibt das Museum Einblick in eine 400 Millionen Jahre alte Natur- und Menschheitsgeschichte im Hönnetal. Die Exponate stammen aus einer Zeit, als Balve noch in einem tropischen Flachmeer lag und sie vermitteln einen Eindruck davon, wie es gewesen sein muss, als das Sauerland noch ein Saurierland war.

■ Informationen

Museum für Vor- und Frühgeschichte
an der Luisenhütte Wocklum
(Abzweig Wocklumer Allee)
58802 Balve
Tel. 02375 / 92 61 42
Tel. 02375 / 31 34
www.balve.de
Öffnungszeiten:
Di–Fr 9.30 Uhr–17 Uhr
Sa/So/Fei 11–18 Uhr (Mai bis Oktober)

kohle entwickelt hatte, wofür sich leichtere Hölzer als in den klassischen Meilern verwenden ließen. Der Hochofen selbst wurde in den folgenden Jahrzehnten sogar noch vergrößert, 1854 war er auf 32 Fuß (10,48 Meter) angewachsen. Das Wasserrad als Gebläseantrieb wurde dann durch eine Dampfmaschine ergänzt, die man ressourcenschonend mit den ohnehin anfallenden Verhüttungsgasen beheizte. Produziert wurden in dieser Phase vor allem schwere Gusswaren wie Rohre, Öfen und Kaminplatten. Doch die neuen Kokshochöfen des Ruhrgebietes, die mit 22 Tonnen täglich knapp das Zehnfache der Wocklumer Roheisenmenge erzeugten, erwiesen sich bald als eine zu große Konkurrenz. 1865 endete die Eisenproduktion in der Luisenhütte. Anders als der Wald, den man ihr opferte, hat sich die Erinnerung an sie aber nicht in Rauch aufgelöst: „Feuer und Wasser – Luise heizt ein!" hieß es etwa am 1. Mai 2006 zur Feier der Museumseröffnung.

Informationen

Luisenhütte Wocklum
Wocklumer Allee
58802 Balve
Tel. 02352 / 966 70 34
Tel. 02375 / 31 34
www.maerkischer-kreis.de

Öffnungszeiten::
Mai bis Oktober
Di-Fr 9.30-17 Uhr
Sa/So/Fei 11-18 Uhr

Kinder

www.nrw-entdecken.de

7 BALVER HÖHLE

Kalt ist es im Sauerland, die Würm-Eiszeit hat Mitteleuropa fest im Griff. Wenigstens bietet die Balver Höhle dem Grüppchen Neanderthaler ein wenig Schutz. Die Urmenschen sitzen um das wärmende Feuer, genießen ihr Mammutsteak und lauschen angespannt, ob sich nicht ein Höhlenbär nähert. Gut 60.000 Jahre später versammeln sich regelmäßig zahlreiche Homines sapientes in der Höhle, genießen Schweinsbratwurst mit Bier und lauschen Pop- und Rockmusik, Klassik oder feiern Schützenfest. Die Balver Höhle ist nicht nur die größte Gebirgshalle Europas, sondern auch einer der ausgefallensten und beliebtesten Veranstaltungsorte.

Deutschlandweit wurde die Höhle bekannt, als die Hip-Hop-Combo „Die Fantastischen Vier" im September 2000 dort ein umjubeltes Unplugged-Konzert gab, das vom Musiksender MTV aufgezeichnet wurde. Nicht nur in der Region war das Felsgewölbe mit seiner fantastischen Akustik aber schon vorher ein fester Begriff in der Kulturszene. Seit 1984 werden dort die Balver Höhlenspiele veranstaltet, jedes Jahr gibt es zahlreiche Konzerte, von Opernarien über Hardrock bis zum örtlichen Männergesangverein. Insbesondere das Ende der 1980er-Jahre ins Leben gerufene Jazz-Festival ist weit über die Region hinaus bekannt. Die längste Tradition hat aber mit Abstand das Balver Schützenfest. Seit über 150 Jahren genießt die St. Sebastianus Schützenbruderschaft den Luxus, über ein riesiges steinernes Schützenheim zu verfügen.

Der Ursprung der wegen ihrer enormen Größe Felsendom genannten Höhle liegt etwa 380 Millionen Jahre zurück. In dem Meer, das damals die Region überspülte, hatte sich der Kalk gewaltiger Korallenriffe am Boden abgelagert. Während der alpidischen Gebirgsbildung 220 Millionen Jahre später kam es zu Rissen, Spalten und Verwerfungen in dem brüchigen Gestein; das gesamte Hönnetal wurde löchrig wie ein Schweizer Käse. Ein Käse mit vielen Schätzen, denn seit Be-

Informationen

Balver Höhle
Helle 2, 58802 Balve
Tel. 02375 / 92 61 90
www.balver-hoehle.de

Anfahrt über die B229, die Höhle liegt am Ortsausgang von Balve.
Besichtigungen sind außerhalb der Veranstaltungen nur für Gruppen nach Vereinbarung mit dem Verkehrsverein Balve möglich.

In der Balver Höhle wurden mithilfe der NRW-Stiftung Felssicherungsarbeiten und Einrichtungsmaßnahmen durchgeführt.

Ein extravaganter Konzertsaal: Teufelsgeiger Manni Neumann mit Farfarello bei einem Auftritt in der Balver Höhle.

ginn der archäologischen Grabungen 1843 fanden sich allein in der Balver Höhle etwa 53.000 Artefakte aus sieben menschlichen Siedlungsepochen, außerdem Überreste von Tieren. Darunter der mit 4,4 Metern Länge drittgrößte Mammutstoßzahn, der je gefunden wurde.

Wie schön dieser natürliche Konzertsaal, der aus einer 24 Meter langen Haupthalle und zwei Seitenarmen besteht, einst gewesen ist, lässt sich heute nur noch erahnen. Der Zweite Weltkrieg setzte der Höhle stark zu, im Inneren wurden ein Militärdepot und eine Rüstungsfabrik eingerichtet. Dazu wurde der Boden egalisiert, der Eingang zugemauert und das naturbelassene Innere stark verändert. Trotzdem hatten die Balver und ihre Höhle Glück im Unglück, denn nur knapp entging das Naturdenkmal 1945 einer Sprengung durch die britische Militärregierung. Heutzutage braucht man sich um den Fortbestand der Balver Höhle keine Sorgen mehr zu machen. Sie ist krisenerprobt, hat zig Millionen Jahre, Kriege, Aprés-Ski-Partys und Technoabende überstanden. Alles Dinge, die sich die Neanderthaler an ihrem Feuerchen damals mit Sicherheit nicht hätten träumen lassen.

8 BURG ALTENA

Burg Altena, hoch über der gleichnamigen Drahtzieherstadt an der Lenne, gilt als eine der schönsten Höhenburgen Deutschlands. Der Anfang des 12. Jahrhunderts errichtete Wehrbau diente vermutlich dazu, das florierende Eisengewerbe der Region zu schützen. Ab dem 12. Jahrhundert war die Burg Stammsitz der Grafen von Altena, der späteren Grafen von der Mark. Im Laufe ihrer wechselvollen Geschichte beherbergte die Burg Altena dann eine Garnison, ein Gefängnis und ein Krankenhaus. Weithin bekannt ist sie auch, weil hier Richard Schirrmann 1914 die erste Jugendherberge der Welt gründete, die übrigens bis zum heutigen Tag besteht. Ohne den Willen und das Engagement der Bürger aus dem Märkischen Sauerland wäre Burg Altena heute eine Ruine. Anfang des letzten Jahrhunderts waren nur noch der Bergfried, das Kommandantenhaus und der Alte Palas erhalten – der Rest war größtenteils verfallen.

Obwohl damals die politische und wirtschaftliche Situation schwierig war, entschlossen sich die Märkerinnen und Märker, die Burg Altena aus eigenen Kräften wieder aufzubauen. 1906

In den Gemäuern der Burg gründete Richard Schirrmann 1912 die erste Jugendherberge der Welt.

gründeten sie den „Märkischen Burgverein“, der in kürzester Zeit mehrere hundert Mitglieder zählte und viele Spendengelder zusammenbrachte, die in heutiger Währung einen zweistelligen Millionenbetrag ausmachen würden. Acht Jahre dauerte der Wiederaufbau, der der Burg schließlich das Gesicht gab, das wir heute kennen. Neben dem traditionsreichen Verein der Freunde der Burg Altena gibt es heute auch die Märkische Kulturstiftung Burg Altena, die ebenfalls von vielen Bürgern mit Spenden unterstützt wird.

Genau wie damals ist die Burg auch heute auf Spenden angewiesen: Im Jahr 2006 brachen zahlreiche Natursteine aus den Umfassungsmauern heraus. Schadhafte Mauerkronen, schädlicher Efeubewuchs, vor allem aber eine nicht mehr funktionierende Entwässerung der Burghöfe hatten die Ausspülung und Auswaschung der Mauerfugen und des Mörtels durch Regenwasser bewirkt. Keine Frage: Die Burg brauchte dringend Hilfe, um die Schäden reparieren zu können und auch, um dadurch weitere Schäden zu vermeiden. Erster und wichtigster Baustein der Sanierungsarbeiten, die insgesamt mehr als drei Millionen Euro kosteten, war der Einbau einer Drainage zur Entwässerung der Burghöfe und die Neupflasterung des Grauwacken-Großpflasters im Oberen und Unteren Burghof. Allein diese Maßnahme kostete insgesamt rund 450.000 Euro. Sie stand im Mittelpunkt der Aktion „Machen Sie der Burg den Hof!“, die von Sommer 2007 bis Ende 2008 stattfand und großen Erfolg hatte. Privatpersonen, Vereine und Unternehmen aus der Region beteiligten sich.

Heute ist in der Burg neben der Jugendherberge das Museum der Grafschaft Mark untergebracht. Die Ausstellung informiert über die Menschen und das Leben in der Region von der geologischen Frühgeschichte über das Mittelalter, die Frühe Neuzeit und das Industriezeitalter bis in die Gegenwart. Die Dauerausstellung gibt einen Einblick in den Alltag der Ritter und

Informationen

Museen Burg Altena
Fritz-Thomée-Straße 80
58762 Altena
Tel. 02352 / 966 70 32
Tel. 02352 / 966 70 33
www.burg-altena.de

Deutsches Drahtmuseum
Fritz-Thomée-Straße 12
58762 Altena
Tel. 02352 / 966 70 34
Tel. 02352 / 966 74 11
www.deutsches-drahtmuseum.de

Öffnungszeiten:
Di-Fr 9.30-17 Uhr
Sa, So, Fei 11-18 Uhr
Mo geschlossen
(außer Ostern, Pfingsten und 2. Weihnachtstag)
24.12., 25.12., 31.12. und 1.1. geschlossen

Kinder
www.nrw-entdecken.de

Die NRW-Stiftung half bei der Sanierung der beiden Innenhöfe von Burg Altena.

Burg Altena ist ein „Denkmal von nationaler Bedeutung“. Ohne das Engagement der Bürger aus dem Märkischen gäbe es die Burg heute nicht.

Bauern, zeigt aber auch, wie der mittelalterliche Adel gelebt hat. Historisches Handwerk und die Entwicklung während der Industrialisierung werden anschaulich erklärt. Zudem bietet das Museum immer wieder Veranstaltungen und Workshops an, z.B. Kurse zum Bogenbau.
Seit dem Mittelalter war Altena das Zentrum des Deutschen Drahtgewerbes. Etwa 300 Meter unterhalb der Burg befindet sich das zu den Museen Burg Altena gehörende Deutsche Drahtmuseum. Hier dreht sich alles um den auf den

ersten Blick so unscheinbar wirkenden Werkstoff. Dass dieser immer eine Schlüsselfunktion für den technischen Fortschritt hatte, wird in der Ausstellung des Museums deutlich, die unter dem Motto „Vom Kettenhemd zum Supraleiter“ sowohl die Technikgeschichte des Drahtes als auch seine Sozial-, Wirtschafts- und Kulturgeschichte thematisiert. Mit abwechslungsreicher Präsentation und spielerischen Experimenten beantwortet die Ausstellung alle Fragen rund um Herstellung und Weiterverarbeitung des Drahts.

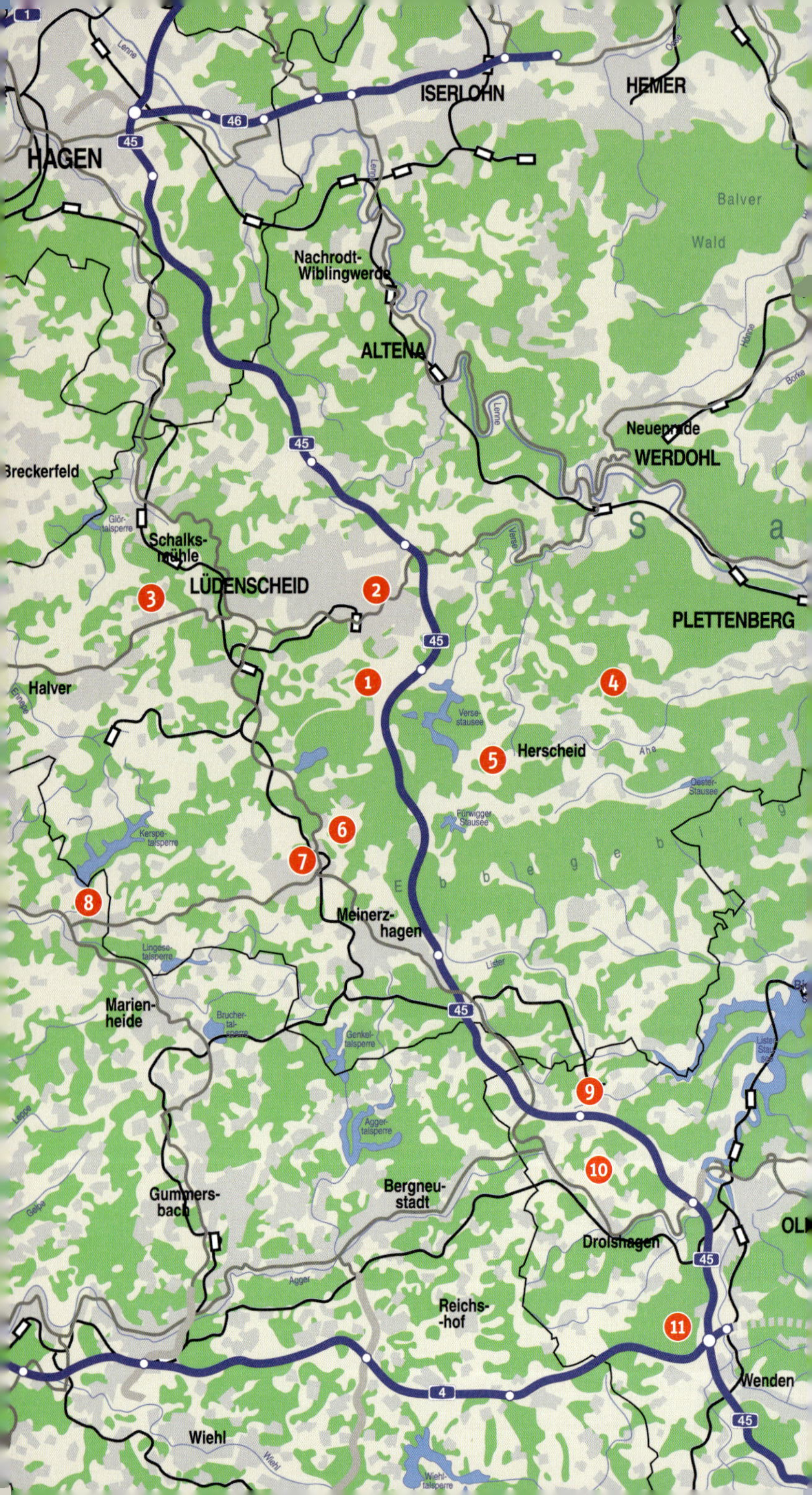

HAGEN
ISERLOHN
HEMER
Balver
Wald
Nachrodt-Wiblingwerde
ALTENA
Lenne
Neuenrade
WERDOHL
Breckerfeld
Schalksmühle
LÜDENSCHEID
PLETTENBERG
Halver
Herscheid
Versestausee
Oester-Stausee
Fürwigger Stausee
Kerspetalsperre
Meinerzhagen
Ebbegebirg
Lingesetalsperre
Marienheide
Brucher-talsperre
Genkeltalsperre
Aggertalsperre
Bergneustadt
Gummersbach
Drolshagen
Reichs-hof
Wenden
Wiehl
Wiehltalsperre
Agger
Lister
45
46
4
1
2
3
4
5
6
7
8
9
10
11

RUND UM LÜDENSCHEID

KNÖPFE, LICHT UND SPIELZEUGAUTOS

Die ringförmig angelegte, historische Altstadt Lüdenscheids ist der schmucke Mittelpunkt der 80.000-Einwohner-Stadt, die eingebettet in die sanfte Landschaft aus Bergen, Wäldern und Seen des märkischen Sauerlandes liegt. Hier treffen sich Einheimische und Besucher zum Kneipenbummel. Ein Treffpunkt für Jung und Alt ist das Brauhaus Schillerbad, das in einer ehemaligen städtischen Badeanstalt errichtet wurde. Schon lange fließt hier statt Wasser das obergärige Medardusbräu, das nach dem Schutzpatron der Stadt, dem heiligen Medardus, benannt wurde.
Einen reizvollen Kontrast zu den romantischen und aufwändig restaurierten Altstadtfassaden bilden Lichtinszenierungen an vielen Gebäuden, auf Wegen und Plätzen. Sie erinnern an einen der wichtigsten Wirtschaftszweige Lü-

Bild oben: Die Altstadt von Lüdenscheid.

Lüdenscheids Altes Rathaus wird heute als Volkshochschule genutzt.

denscheids: Die „Stadt des Lichts“, wie sich Lüdenscheid selbst nennt, ist Heimat zahlreicher bedeutender Licht- und Leuchtenhersteller.
Das Stadtmuseum vermittelt einen Eindruck von der Entwicklung dieser Stadt, die bereits ab Ende des 18. Jahrhunderts zu einem Zentrum der Knopfindustrie heranwuchs. Auch die Metallverarbeitung spielte in Lüdenscheid eine wichtige Rolle, an Bächen und Flüssen entstanden Hammerwerke wie der „Bremecker Hammer“, der heute als Schmiedemuseum an die Zeiten erinnert, in denen in Lüdenscheid die Funken sprühten. An den „Schmiedetagen“ des Museums sind Hammerwerke, Wasserräder, Turbine und Glühofen in Betrieb. Graf Zeppelin ließ in Lüdenscheid Teile seines Luftschiffes fertigen, und noch heute ist die Stadt Sitz des größten Automobilherstellers der Welt: Siku-Spielzeugautos drehen in Kinderzimmern auf der ganzen Welt ihre Runden.
Der „Schleiper Hammer“ im benachbarten Kierspe ist ein faszinierendes Stück Industriegeschichte. Das Werk mit Turbinenantrieb, Transmission und Federhammer und seinen Außenanlagen mit den Betriebsteichen ist im Originalzustand der 1930er-Jahre erhalten und kann besichtigt werden. Lohnenswert ist ein Besuch im Bakelitmuseum, das im Alten Amtshaus von Kierspe untergebracht ist. Kierspe war ein Zentrum der Bakelitverarbeitung, das Museum zeigt Exponate, die aus dem 1908 patentierten Kunststoff hergestellt wurden – vom Lichtschalter bis zur Schreibmaschine.
Eine der ältesten Holzkohle-Hochofenanlagen im deutschsprachigen Raum ist im nahen Wenden zu besichtigen. Die Wendener Hütte wurde bereits 1728 in Betrieb genommen, über die Jahrzehnte ständig erweitert und modernisiert, 1866 wurde dann der Betrieb eingestellt. Zu sehen sind unter anderem das zentrale Gebäude der Anlage mit Gießhalle und Hochofen, das Rohstoffmagazin, das Dampfkesselhaus und das wasserbetriebene Hammerwerk, in dem regelmäßig Schmiedevorführungen stattfinden.

Drolshagen ist mit über 12.000 Einwohnern die kleinste Stadt des Kreises Olpe. Sie entstand 1969 aus dem Zusammenschluss des alten Drolshagen mit 57 umliegenden Ortschaften, die zum Teil nur aus wenigen Häusern bestehen. Eine davon ist Essinghausen, das bei dem Wettbewerb „Unser Dorf soll schöner werden" im Jahr 1996 auf Landesebene die Goldmedaille erhielt. Wahrzeichen Drolshagens ist die romanische St.-Clemens-Pfarrkirche, deren Ursprünge in das frühe 11. Jahrhundert zurückreichen. Eine Besonderheit von St. Clemens ist ihr Geläut, das als eines der musikalisch anspruchsvollsten in ganz Westfalen gilt.

Neben sechs künstlerisch gestalteten Bronzeglocken sorgt hier die größte Stahlglocke im Erzbistum Paderborn für den guten Ton.

Die Versetalsperre mit der Klamer Brücke.

Im Herzen Drolshagens liegt der von Fachwerkhäusern umstandene Marktplatz. Er entstand nach einem verheerenden Brand im Jahr 1838, der fast die ganze Stadt zerstörte. Sie wurde anschließend nach einem rechtwinkeligen Straßenraster neu errichtet. Die Häuser rund um den Marktplatz stammen aus dieser Zeit des Wiederaufbaus. Das älteste Haus der Stadt stammt vermutlich aus dem 17. Jahrhundert und ist der letzte Zeuge eines ursprünglich im 13. Jahrhundert in Drolshagen gegründeten Zisterzienserinnen-Klosters, das nach der Reformation zunehmend an Bedeutung verlor. Nach der Säkularisation kaufte die Stadt dieses heute noch bestehende Gebäude an. Alle anderen Teile des Klosters wurden abgerissen. Heute sind dort unter anderem Verwaltung und Räume der städtischen Musikschule untergebracht.

Das einst verwinkelte Drolshagen wurde nach einem Brand im Mai 1838 wieder aufgebaut – mit geraden Straßenführungen und rechtwinkligen Straßeneinmündungen.

1 STANDORTÜBUNGSPLATZ STILLEKING

Still ist es im Stilleking tatsächlich. Vom Zwitschern der Vögel und dem Rauschen des Waldes einmal abgesehen. Das weitläufige Areal, am südlichen Stadtrand von Lüdenscheid gelegen, ist ganz in der Hand der Natur. Da fällt es schwer zu glauben, dass hier noch in den 1990er-Jahren Panzerfahrzeuge lärmten und den Boden aufwühlten.

Heute ist der ehemalige Truppenübungsplatz ein Naturschutzgebiet, das zahlreiche gefährdete Pflanzen- und Tierarten beheimatet. Bereits seit den 1930er-Jahren war der Stilleking militärisch genutzt worden. Weil eine landwirtschaftliche Düngung deshalb unterblieb, konnten sich auf dem Gelände – abseits der Panzertrassen – besondere Lebensräume für seltene Pflanzen und Tiere entwickeln.

Seltene Pflanzen haben auf dem Gelände eine Heimat gefunden: zum Beispiel der Behaarte Ginster.

Nachdem die letzten Panzer den Stilleking 1992 endgültig verlassen hatten, übernahmen Flora und Fauna vollständig das Kommando. Die NRW-Stiftung, der Förderverein Naturschutz Märkischer Kreis und die Stadt Lüdenscheid erwarben gemeinsam große Teile des Geländes für Zwecke des Naturschutzes.

Heute ist der Stilleking auf einer Fläche von insgesamt rund 150 Hektar von ausgedehnten Magerweiden und Zwergstrauchheiden geprägt. Hier sind bedrohte Vogelarten zu Hause wie der Wiesenpieper oder die Feldlerche, die ihre Nester stets am Boden bauen. Auch seltene Pflanzen haben auf dem ehemaligen Truppenübungsplatz eine Heimat gefunden – etwa das Quendelblättrige Kreuzblümchen oder der Behaarte Ginster.

Die unumstrittenen „Stars“ des großen Naturschutzgebietes sind jedoch die Heck-Rinder. Diese robuste Rasse ist den ausgestorbenen Auerochsen ähnlich und nach den Züchtern – den

Majestätisch überragt er seine Herde: „King Stilli“, der Zuchtbulle der Heckrinder Stilleking in Lüdenscheid, wacht über seine Herde.

Gebrüdern Heck – benannt. Im Stilleking lebt eine Herde Heck-Rinder ganzjährig im Freien. Mit ihrem ausgeprägten Appetit tragen die Heck-Rinder erfolgreich zur natürlichen Pflege der Gebiete bei. In den Stilleking kamen die nachgezüchteten „Ur-Tiere" im Frühjahr 2002. Rasch wurden sie zur Hauptattraktion für Tierliebhaber und Naturfreunde, die vor allem am Wochenende in das Naturschutzgebiet kommen.

Durch das Areal zieht sich ein Netz mehrerer Rundwege von unterschiedlicher Länge. Die Besucher erhalten auf ihrem Marsch durch den Stilleking viele Informationen über die verschiedenen Sehenswürdigkeiten. Von einem Panoramaweg, der die zentralen Weideflächen in weitem Bogen umrundet, können Besucher die über 30 Tiere starke Heckrindherde mit ihrem Leitstier „King Stilli" beobachten. Außerhalb des eingezäunten Areals wird eine mehr als 40 Hektar große Teilfläche des Schutzgebiets regelmäßig von einem Wanderschäfer mit 400 Coburger Fuchsschafen beweidet.

Auch aus heimatgeschichtlicher Sicht bietet die hügelige Mittelgebirgslandschaft interessante Besonderheiten, zum Beispiel eine 500 Jahre alte Gerichtslinde und mehrere Hofwüstungen. Der Ortsname „Stilleking" leitet sich übrigens von einem uralten Vornamen ab – es war der Hof des Bauern Stilleko.

Informationen

Naturschutzzentrum
Märkischer Kreis
Grebbecker Weg 3
58509 Lüdenscheid
Tel. 02351 / 43 24 240
(werktags, Hans Obergruber)
www.naturschutzzentrum-mk.de

Öffnungszeiten:
Mo-Do 8-16.30 Uhr
Fr 8-14 Uhr

Die NRW-Stiftung erwarb große Teile des Naturschutzgebiets Stilleking.

2 SCHÜTZENHALLE LÜDENSCHEID

Wer schon über 100 Jahre alt ist, aber immer noch „neu" genannt wird, der hat der Zeit ein Schnippchen geschlagen. Das 19. Jahrhundert ging gerade zu Ende, als man in Lüdenscheid mit dem Bau der „Neuen Schützenhalle" auf einer Anhöhe hoch über der Stadt begann. Heute, zu Beginn des 21. Jahrhunderts, setzt das palastartige Bauwerk mit dem gedrungenen Seitenturm noch immer ein weithin sichtbares architektonisches Zeichen. Viele berühmte Namen waren hier schon zu Gast: die deutschen Bundeskanzler Konrad Adenauer und Willy Brandt, der Boxer Max Schmeling, der Revuestar Marika Rökk und – last but not least – auch die britischen Hardrocker Deep Purple.

„Man muss einmal in der leeren Halle gestanden haben, still betrachtend, zu einer Zeit, wo Bündel goldener Sonnenstrahlen durch die bunten Fenster brechen oder wenn von der Westseite die goldene Abendsonne ihren Schimmer in die Halle legt. Man könnte meinen, in einem Dom zu stehen."

Konrad Adenauer, Marika Rökk, Deep Purple – sie alle und viele andere Prominente waren in der Lüdenscheider Schützenhalle zu Gast. Das eindrucksvolle Gebäude von 1899/1900 liegt auf der höchsten Erhebung über der Stadt.

Hallenchronist Fritz Schlieck drückt aus, was wohl jedem Betrachter auffällt, der die Lüdenscheider Schützenhalle einmal in einem ruhigen Moment betritt: Sie wirkt festlich, auch wenn niemand darin feiert. Und sie ähnelt mit ihren aufwändigen Säulen und ihren farbigen Glasfenstern einer Kirche. Mehr noch: Mit dem erhöhten Mittelschiff und den beiden niedrigen Seitenschiffen entspricht sie genau dem Typus einer Basilika. Die zwischen 1903 und 1910 entstandenen qualitätvollen Glasfenster allerdings zeigen keine religiösen Motive, sondern stellen Themen wie „Landwirtschaft", „Industrie", „Wissenschaft" und „Jagd" dar.
Kathedralenartig wirkt an der Schützenhalle schon ihre pure Größe. Der Innenraum hat eine Fläche von rund 1.400 Quadratmetern. Hier lassen sich unter Einbeziehung eines kleineren Vorraums fast 1.700 Stühle aufstellen. Über 2.500 Besucher können bei Veranstaltungen ohne Bestuhlung eingelassen werden. Im Eröffnungs-

jahr 1900 hätte sich demnach ein Zehntel der Lüdenscheider Bevölkerung gleichzeitig in der neuen Halle aufhalten können, denn die Stadt hatte damals nur 25.000 Einwohner.
Trotz dieser geringen Größe war Lüdenscheid im wilhelminischen Kaiserreich so etwas wie eine industrielle „Boomtown". Und nur vor diesem Hintergrund lässt sich auch das ehrgeizige Vorhaben verstehen, mit der riesenhaften Halle so etwas wie ein neues „Wahrzeichen" für die Stadt zu schaffen. Äußerst finanzkräftige Unternehmer wie die Fabrikanten Turck und Selve beteiligten sich mit erheblichen Summen an dem Bau. Auch der Aluminium-Pionier Carl Berg – berühmt unter anderem, weil er in Lüdenscheid Bauteile für den allerersten Zeppelin montieren ließ – zeichnete Anteilscheine.
Auch wenn sie „neu" genannt wird, ein wenig machte das Alter der Schützenhalle denn doch zu schaffen. Weder Wind und Wetter noch der Zahn der Zeit ließen sich durch die 1984 erfolgte Aufnahme des Bauwerks in die Denkmalliste der Stadt Lüdenscheid beeindrucken. Und so bedurfte insbesondere der Turm schließlich einer dringenden Sanierung. Sie konnte Ende 2007 erfolgreich abgeschlossen werden. Seitdem verkündet das in „patinagrünem" Glanz frisch erstrahlende Turmdach schon von ferne den baulichen Gesundungsprozess.
Eigentümerin der Halle ist die Lüdenscheider Schützengesellschaft von 1506. Doch finden in dem Gebäude keineswegs nur Schützenfeste statt. Im bunten Reigen ziehen vielmehr Veranstaltungen vom Secondhand-Markt über Technologieausstellungen bis hin zum „Christmas Rock" die Besucher an. Allerdings ist es durch das 1981 eröffnete städtische Kulturhaus im Stadtzentrum um die Schützenhalle ein wenig ruhiger geworden. Rockgrößen wie Deep Purple hat man hier seitdem nicht mehr gesichtet. „The audience erupted on the stage at Lüdenscheid" – „das Publikum stürmte die Bühne in Lüdenscheid" hatten sie 1973 noch auf einem ihrer Plattencover vermerkt.

Rund 100 Jahre alte Hallenfenster aus Antik-, Ornament- und Kathedralgläsern.

Informationen
Schützenhalle
Lüdenscheid
Reckenstraße 6
58511 Lüdenscheid
Tel. 02351 / 832 79
www.schuetzenhalle-luedenscheid.de

In Lüdenscheid konnte mithilfe der NRW-Stiftung der Fassadeneckturm der historischen Schützenhalle restauriert werden.

3 HEESFELDER MÜHLE

Kaum jemand hätte in den achtziger Jahren noch etwas für die alte, halb verfallene Kornmühle unten im Heesfelder Tal bei Halver im Märkischen Kreis gegeben. Nur einige Naturschützer des Vereins Heesfelder Mühle e.V. bemühten sich um den Wiederaufbau des alten Gebäudes. Sie haben die Mühle, deren Geschichte bis ins 13. Jahrhundert zurückreicht, liebevoll restauriert. Ein Bioladen hat sich in der alten Mühle niedergelassen und selbst das Wasserrad dreht sich wieder und erzeugt Strom für den Betrieb.

Das denkmalgeschützte Ensemble besteht aus der Wassermühle, einer alten Schule und einem Kornspeicher. Die historischen Gebäude baute der Verein Heesfelder Mühle zu einem Zentrum für Naturschutz und Kulturlandschaftspflege aus. Das obere Geschoss der alten Mühle bietet Platz für Veranstaltungen, in der unteren Etage verkauft der Bioladen seit 1993 ganzjährig die ortsnah und naturverträglich erzeugten Produkte aus der Region. Der wieder aufgebaute Kornspeicher bietet dem Bioladen reichlich Platz für die Lagerung von Obst und Kartoffeln, Getreide und Gemüse.

Nachdem die Mühle wieder in Schuss gesetzt war, restaurierten die Vereinsmitglieder auch noch die alte Schule, die zwischen 1782 und 1840 von den Bauernkindern besucht worden war. In ihren Räumen wurde unter anderem eine Ausstellung mit alten Arbeitsgeräten eingerichtet. Zum Programm, das der Verein außerdem dort anbietet, gehören Handwerksmärkte, Kunstausstellungen, Konzerte oder ein Umweltfestival für Kinder. Verliebte können sich außerdem vom Standesamt Halver in den Räumen der Mühle trauen lassen.

Heute können die Naturschützer auch das angrenzende Grünland und einen Teil des Waldes nutzen, und allmählich stellt sich die frühere Artenvielfalt wieder ein. Vor der frühsommerlichen Mahd sind die Flächen blau-weiß-pink getupft vom Gemeinen Kreuzblümchen, von Margeriten und Glockenblumen. Besondere Freude machen den Heesfeldern die 1.000 alten und zum Teil von ihnen nachgepflanzten Apfel- und Birnbäume, die Jahr für Jahr etwa 50 Tonnen Obst für einen leckeren Fruchtsaft liefern.

Um die Heesfelder Mühle als Ziel für Ausflügler noch attraktiver zu machen, hat der Verein Heesfelder Mühle e. V. das Projekt „Naturerlebnis Halver" realisiert. Die Mühle ist heute ein Ausgangs- und Zielpunkt für themenorientierte Wanderrouten. Gemeinsam mit dem BUND Landesverband NRW e.V. und dem Heimatverein Halver hat der Verein Informationstafeln er-

Informationen
Zentrum für Naturschutz und Kulturlandschaftspflege Heesfelder Mühle
Heesfelder Mühle 2
58553 Halver
Tel. 02353 / 13 78 28
www.heesfelder-muehle.de

Die NRW-Stiftung hat beim Aus- und Umbau des Ensembles um die alte Heesfelder Mühle geholfen und in unmittelbarer Nähe Land für den Naturschutz erworben.

Heute liefert das Mühlenrad elektrischen Strom für etwa sieben Familien.

Ein idealer Start- und Zielpunkt für die etwa 25 Kilometer lange Strecke rund um das „Naturerlebnis Halver" ist das Zentrum für Naturschutz und Kulturlandschaftspflege Heesfelder Mühle.

arbeitet, mit denen interessierte Wanderer und Radfahrer auf Rundwanderwegen durch das Gebiet geleitet werden. Dafür wurden Wege befestigt und Rastmöglichkeiten geschaffen sowie begleitend dazu eine Wanderbroschüre produziert. Der Radrundwanderweg verbindet die Naturschönheiten und Kulturdenkmäler rund um Halver miteinander. Meist radelt man auf verkehrsarmen Nebenstraßen und Wanderwegen. Ein ambitionierter Radfahrer schafft die 25 Kilometer lange Strecke in einer Stunde, mit Muße dauert es gut die doppelte Zeit. Noch entspannter wird es, wenn man einen halben, vielleicht sogar einen ganzen Tag einplant, um die vielen Sehenswürdigkeiten nicht nur vom Sattel aus zu sehen. Allein das reizvolle Ennepetal mit seinen alten Wassermühlen und Hämmern verführt zu mehreren Pausen. Und in Halver selbst lohnt ein Besuch des Heimatmuseums und der Nicolai-Kirche. An warmen Spätsommertagen empfiehlt sich zusätzlich eine Pause in der idyllisch gelegenen „Herpine", einem der größten nordrhein-westfälischen Naturschwimmbäder.

4 SAUERLÄNDER KLEINBAHN

■ Die NRW-Stiftung half bei der Reparatur der Dampflokomotive „Bieberlies" der Märkischen Museumseisenbahn in Plettenberg.

Dass sie eigentlich schon vor mehr als 40 Jahren aufs Abstellgleis sollte, merkt man der Dampflok „Bieberlies" nicht an: Immer noch steht sie tüchtig unter Dampf und hat an Zugkraft nichts verloren. Die dreiachsige Dampflok aus dem Jahre 1923 ist der Star der Sauerländer Kleinbahn, die die Erinnerung an eine längst vergangene Epoche der Verkehrsgeschichte lebendig hält.

„Einst gab es im Sauerland viele Schmalspurbahnen mit einem Meter Spurbreite", weiß Dietmar Kunen vom Vorstand des Vereins Märkische Museums-Eisenbahn (MME). Mit ihnen fand die dortige Industrie Anschluss an die weiter entfernten Staatsbahnen; dank der schmalen Spur fuhren die Züge problemlos auch durch enge Täler und in Fabrikhöfe. Doch nach und nach übernahmen Lkw diese Arbeit, und die Eisenbahnstrecken wurden stillgelegt.

Das Aus für die letzte Kleinbahn kam 1982 – und zugleich fiel der Startschuss für die Gründung des MME. Die Eisenbahnfreunde wollten die noch existierenden Fahrzeuge vor ihrem sicheren „Tod" auf dem Schrottplatz bewahren und holten Lok und Waggons aus allen Ecken Deutschlands und sogar aus dem Ausland; ganzer Stolz des Vereins ist heute ein kompletter Güterzug der ehemaligen Kreis Altenaer Eisenbahn. „Von Beginn an war unser Plan, die Fahrzeuge betriebsfähig aufzuarbeiten und sie auf

Mit Volldampf fährt die „Biberlies" durch das idyllische Elsetal.

einer Museumsbahnstrecke vorzuführen", erinnert sich Dietmar Kunen. „Wir wollten ein lebendiges Museum, in dem sich buchstäblich was bewegt." Aber dafür mussten nicht nur die Fahrzeuge instand gesetzt werden, es galt auch eine Strecke zu finden, denn inzwischen waren alle meterspurigen Strecken abgebaut. Die Vereinsmitglieder hatten Glück und konnten zwischen Plettenberg und Herscheid ein 2,5 Kilometer langes Teilstück einer 1969 stillgelegten Bundesbahnlinie erwerben. Sie legten neue Schienen in Meterspur, und seit 1987 dampft und dieselt es ab Bahnhof Hüinghausen über die malerische Strecke im Elsetal. Am Bahnhof gibt es außerdem ein Museumscafé mit Biergarten, einen Infoshop, den Lokschuppen und die dreigleisige Wagenhalle, die 1999 entstand.

Unzählige Passagiere hat die Sauerländer Kleinbahn auf ihren Holzbänken schon mitgenommen auf eine Reise in die große Zeit der kleinen Bahnen. Und die Fahrt soll noch weitergehen: Mit 2,5 Kilometern sei die Museumsbahn doch ein wenig kurz, findet Dietmar Kunen. Deshalb möchten seine Mitstreiter und er die Strecke nun gerne in Richtung Herscheid verlängern.

Informationen

Bahnhof Hüinghausen
Elsetalstraße 46
58849 Herscheid-Hüinghausen
Tel. 02391 / 130 35
(nur an Betriebs- und Arbeitstagen)

Das Betriebsjahr der Sauerländer Kleinbahn beginnt am 1. Mai und endet mit den Nikolausfahrten im Dezember. Informationen zum genauen Fahrplan und zu Sonderveranstaltungen gibt es unter Tel. 02391 / 100 28 (ab 18 Uhr).

5 ROBERT-KOLB-TURM

Schon vor 200 Jahren war die höchste Erhebung des Ebbegebirges ein wichtiger Fixpunkt bei der Landesvermessung. 1890 entstand hier überdies ein „trigonometrisches Mal“ mit Messtisch und Orientierungstafel. Das pyramidenförmige Holzgerüst, das auch von Ausflüglern gern erklettert wurde, brach aber im Winter 1904 zusammen. Die Nordhelle brauchte einen stabileren Aussichtsturm. Den bekam sie schließlich 1913 auf Initiative des Sauerländischen Gebirgsvereins.

Nach einjähriger Bauzeit ließ ein neues, stattliche 18 Meter hohes Bauwerk seine Besucher an klaren Tagen bis ins Siebengebirge sehen. Es wurde schließlich nach dem 1909 mit nur 42 Jahren verstorbenen Ingenieur Robert Kolb benannt, dem der Aufbau des Wanderwegenetzes im Sauerland maßgeblich zu verdanken ist.

Während des Nationalsozialismus zu Militärzwecken missbraucht, überstand der Turm die Kriegsjahre nur als Ruine. Erst mithilfe des NWDR, des Vorläufers des Westdeutschen Rundfunks, wurde das Gemäuer schließlich wieder zum Leben erweckt. Das Dach des Robert-Kolb-Turms zierte zeitweilig ein Sendemast. Seit den 1960er-Jahren befindet sich neben ihm auch eine Gaststätte.

Doch die Zeit hatte deutliche Spuren hinterlassen, und der Turm war stark sanierungsbedürftig. Zusammen mit der Gemeinde Herscheid, dem Märkischen Kreis und dem Kreis Olpe veranlasste der Sauerländische Gebirgsverein verschiedene Patenschafts- und Hilfsaktionen, die den Turm wieder „auf die Beine“ bringen sollten. Im Juni 2011 war das Ziel schließlich erreicht: Mit einem Festakt wurde der Robert-Kolb-Turm nach grundlegender Sanierung neu eröffnet und ist seitdem wieder für Besucher zugänglich.

Das nächste Fest steht schon vor der Tür: Im Jahr 2013 wird der Turm in neuem Glanz sein 100-jähriges Bestehen feiern.

Informationen

Robert-Kolb-Turm auf der Nordhelle
Nordhelle 1
58849 Herscheid

Sauerländischer Gebirgsverein e.V.
Hasenwinkel 4
59821 Arnsberg
Tel. 02931 / 52 48 13
www.sgv.de

Die NRW-Stiftung unterstützte die Sanierung des Robert-Kolb-Aussichtsturms auf der Nordhelle bei Herscheid.

Krombacher
Nordhelle

6 SCHLEIPER HAMMER

„Es brennt nicht, es schmilzt nicht, es ist eine festgewordene Masse, gelblich und hart, das sieht vielversprechend aus."

Leo Hendrik Bakeland

Druck – viel Druck braucht es, um das zähe Bakelit in eine haltbare Form zu bringen. Mit einer Kraft von bis zu 500 Tonnen formten in Kierspe einst wuchtige, wasserbetriebene Hammerpressen das spröde Material zu filigranen Uhrengehäusen, Gebäckschalen und Rasier-Sets. Im Schleiper Hammer ist die beeindruckende Technik aus den 1930er Jahren, der Blütezeit der Bakelitfertigung, noch heute zu bestaunen.

„Es brennt nicht, es schmilzt nicht, es ist eine festgewordene Masse, gelblich und hart, das sieht vielversprechend aus", notierte Leo Hendrik Bakeland im Jahr 1909 voller Begeisterung über seine neue Erfindung. Er hatte Phenol, Formaldehyd und einige andere Bestandteile miteinander vermengt, erhitzt und schließlich in eine Form gepresst. Damit hatte Bakeland den weltweit ersten industriell produzierbaren Kunststoff erfunden: Bakelit.

Das Material löste eine Revolution in der Produktion von technischen Artikeln aus. Ob Schreibmaschinen oder Fotoapparate, Lichtschalter oder Stempelhalter – zahllose Produkte wurden ab 1910 aus ihm hergestellt. Die Hochburg der deutschen Bakelitherstellung lag in Kierspe und in Lüdenscheid. Allein in Kierspe existierten in den ersten Jahrzehnten des vergangenen Jahrhunderts mindestens 36 Betriebe mit bis zu 500 Pressen. Doch in den 1960er Jahren sank der Stern des Bakelits wieder, die Industrie stellte auf modernere Kunststoffe um.

Die wuchtigen Pressen haben eine ungeheure Druckkraft.

■ Die NRW-Stiftung unterstützte die Restaurierung des Schleiper Hammers.

Im idyllischen Kiersper Ortsteil Grünenbaum liegt der Schleiper Hammer.

Denn Bakelit ist anspruchsvoll in der Verarbeitung. Das können Besucher des Schleiper Hammers noch heute erleben: In Kierspe-Grünenbaum hat der Heimatverein der Stadt ein wassergetriebenes Hammer- und Presswerk aus dem frühen 20. Jahrhundert wieder in Betrieb genommen. An der so genannten Kniehebelpresse demonstrieren die Vereinsmitglieder, wie das Material verarbeitet wird: Sie füllen das Bakelit in eine Form, drücken den schweren Hebel hinunter und setzen die Presse in Gang. Binnen weniger Minuten entsteht aus dem Rohstoff ein rotbraun melierter Eierbecher.

Neben den Bakelitpressen aus den 1930er-Jahren stehen im Schleiper Hammer auch alte Feder- und Fallhämmer, mit denen die „Schmiedeväter" des Heimatvereins die traditionsreichen Techniken der Metallverarbeitung lebendig erhalten. Eisen nämlich hat just an jener Stelle, an der heute das Museum liegt, schon viel länger eine wichtige Rolle gespielt als das vergleichsweise „junge" Bakelit: Auf dem Gelände fanden sich die Reste einer Hütte, die an die Eisenverarbeitung in der Region seit dem 13. Jahrhundert erinnert. Und damals dürfte wohl niemand auch nur im Traum an Eierbecher aus Bakelit gedacht haben.

■ Informationen

Schleiper Hammer
Schleipe 3
58566 Kierspe
Tel. 02359 / 20 83
www.kierspe-online.de
www.kierspe.de

Öffnungszeiten:
Mo 10-12 Uhr
weitere Termine nach telefonischer Vereinbarung:
Tel. 02359 / 20 83
(Wilhelm Kattwinkel)

Die Zufahrt ist im Ortsteil Grünenbaum (B 54) ausgeschildert.

7 BAKELIT-MUSEUM

Stiftedosen und Zettelkästen, Teller und Tassen, Kofferradios und Telefone – kaum ein Gegenstand, den es nicht auch aus Bakelit gibt. Der kostengünstige und leichte Kunststoff revolutionierte ab 1910 die Alltagskultur. Im Bakelit-Museum in Kierspe wartet eine vielfältige Sammlung von Gebrauchsgegenständen auf die Besucher.

Als erster Kunststoff löste das Bakelit eine Revolution in der Produktion von technischen Artikeln aus. Es ersetzte in der Elektroindustrie den teuren Schellack, der aus den Absonderungen einer asiatischen Insektenart hergestellt wird. Auch die empfindlichen Porzellanschalter und Fassungen in der Lampenindustrie waren aus Bakelit nicht nur stabiler, sondern auch wesentlich billiger. Kein Wunder, dass bald auch ganz andere Dinge aus dem vielseitigen Kunststoff hergestellt wurden: Die ersten unzerbrechlichen Picknick-Service waren ebenso aus Bakelit wie der Klassiker unter den Telefonen, das Modell W 48 von Siemens.

Der Telefon-Klassiker W 48 von Siemens.

Für den Heimatverein Kierspe war es ein echter Glücksfall, als Karl-Heinz Vollmann, der ehemalige Inhaber der Bakelit-Fabrik Reppel & Vollmann, seine Sammlung von 5.000 Objekten für ein Museum stiften wollte. Im „Alten Amtshaus“ aus dem Jahr 1909 sind seither die Glasvitrinen voll mit Kuriositäten aus dem ganz nach Wunsch formbaren Material. Für die Wirtschaftsgeschichte Kierspes war Bakelit von zentraler Bedeutung: Über Jahrzehnte dominierte die Verarbeitung des modernen Kunststoffs die Industriestruktur der Stadt, stets hing der typische Bakelit-Geruch in der Luft.

In den 1930er Jahren lag etwa die Hälfte der deutschen Fabriken, die dieses Material verarbeiteten, im Rheinland und in Westfalen. Allein in Kierspe waren es 400 bis 500 Bakelit-Pressen. Beispielsweise stellte die Firma Helit Spaten und andere landwirtschaftliche Geräte her und stieg später auf Büroartikel um – die ver-

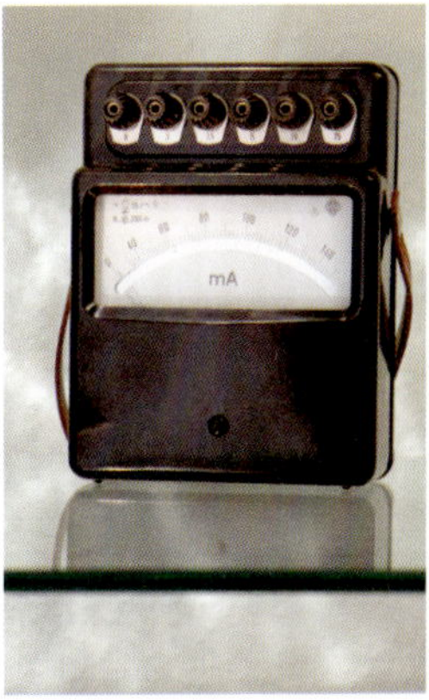

Bilder oben:
Bakelit gibt es nicht nur in Schwarz, sondern auch in Braun.

Bild links:
Das Bakelit-Museum im Kiersper Amtshaus.

Bild unten:
Im Museum sind Gebrauchsgegenstände zu sehen.

kauft sie bis heute. Allerdings verwendet die Industrie seit den 1960er Jahren modernere Duroplaste statt Bakelit.

So kommt es, dass Produkte aus Bakelit heute begehrte Sammlerstücke sind und eine richtige Fan-Gemeinde haben. Sie sind nicht nur ein spannendes Zeugnis der Alltagskultur, sondern auch besonders stabil und haltbar, da Hitze, Säuren oder rabiate Behandlung ihnen nichts anhaben können. Sogar Stövchen oder Aschenbecher aus Bakelit stehen im Museum in Kierspe – für Experten etwas ganz Besonderes. Anhand einer Reihe von Aschenbechern lässt sich nämlich die Entwicklung der Farbigkeit in der Bakelit-Produktion nachvollziehen: Das traditionelle Schwarz wurde allmählich ergänzt um Dunkelbraun, (Rot-)Braun-meliert und Dunkelgrün. In den 1940er-Jahren tauchen sogar Modelle in Orange auf.

Die Objekte stehen zwar in Glas-Vitrinen, aber wenn Ortsheimatpfleger Ulrich Finke mit der Laterna magica, einem DDR-Produkt der 1950er Jahre, oder dem Dux-Kino, einem Spielzeug-Heimkino aus der DDR, in Grundschulen Original-Filme vorführt, werden die Exponate zum Leben erweckt: „Wir haben noch viele interessante Gegenstände gelagert, die wir nach und nach, thematisch ausgerichtet, in den Vitrinen austauschen möchten. Es lohnt sich also, immer mal wieder vorbeizuschauen."

Informationen

Bakelit-Museum
Altes Amtshaus
Friedrich-Ebert-Straße 380
58566 Kierspe
Tel. 02359 / 33 22

Öffnungszeiten:
Mi 15-18 Uhr
und nach Vereinbarung.
Führung für Gruppen nach Vereinbarung.

Im Alten Amtshaus von Kierspe konnte mithilfe der NRW-Stiftung eine kleine Ausstellung zur Bakelitherstellung und der Produkte eingerichtet werden.

Ein elegantes Rasier-Reiseset aus Bakelit.

8 HISTORISCHE BRENNEREI RÖNSAHL

Das 1870/71 erbaute, spätklassizistische Gebäude der Brennerei liegt an der Hauptstraße im Kiersper Stadtteil Rönsahl, und es zeugt noch heute vom Wohlstand seines Erbauers Wilhelm Haase. Der Landwirt gilt als Begründer der Rönsahler Brennerei. Bis in die 1950er-Jahre blieb das zweigeschossige Giebelhaus aus Bruch- und Backstein mit seinem schieferbedeckten Satteldach in Familienbesitz, ehe dann die Brennerei Krugmann aus Meinerzhagen die Kornbrennerei und die dazugehörige Landwirtschaft kaufte und bis 2002 den Betrieb weiterführte.

Seit 1986 steht die ehemalige Brennerei unter Denkmalschutz. Im Januar 2008 kaufte der heutige Ortsbürgermeister Horst Becker die historische Brennerei, um sie als Dorfgemeinschaftshaus und historisches Museum zu nutzen. Mittlerweile wird das Haus vom Verein „Historische Brennerei Rönsahl e.V." betrieben. Regelmäßig finden hier Versammlungen, aber auch Kabarett-Veranstaltungen sowie Klassik- oder Jazz-Konzerte statt. Ergänzend zur Brennerei-Geschichte wurde nun auch eine historische Brauerei-Ausstattung installiert. Seit Frühjahr 2011 stehen eine Braustube und ein Biergarten zur Verfügung.

Informationen

Historische Brennerei Rönsahl
Hauptstraße 23
58566 Kierspe-Rönsahl
Tel. 02269 / 482
www.brennerei-roensahl.de

In Kierspe-Rönsahl half die NRW-Stiftung die denkmalgeschützte historische Kornbrennerei zu restaurieren.

9 SCHLÜSEN-LEHRPFAD

„Schlüse“ ist eine mundartliche Bezeichnung für einen Hohlweg. Solche Hohlwege waren unbefestigt und erhielten ihre Form durch die stetige Nutzung als Handelswege. Die vornehmlich im Mittelalter entstandenen und genutzten Schlüsen ziehen sich im Drolshagener Land überall durch die Wälder, beeindruckend ist vor allem das „Schlüsenbündel“, eine Ansammlung gleich mehrerer ehemaliger Hohlwege in Junkernhöh. Der kleine Ort lebte früher von und mit dem Verkehr, der durch die Schlüsen verlief – noch heute sind hier auch Gebäude aus der damaligen Zeit zu sehen.

Unterhalb des Ortes verläuft heute der Schlüsen-Lehrpfad, der Wanderern und anderen Besuchern einen Einblick in die Bedeutung der Hohlwege verschafft. Hier erfährt man, wie das Leben der Fuhrleute auf und mit den Schlüsen verlief. Ein Vergnügen war die Reise auf den alten Wegen nicht: Mit ihren Karren und Lasttieren waren die steilen Wege für die Fuhrleute oft nur mühsam zu passieren. Und nicht nur witterungsbedingt war das Nutzen der oft steinigen und unwegsamen Schlüsen für die Fuhrleute gefährlich, auch Überfälle waren an der Tagesordnung.

Informationen
Touristeninformation Drolshagen
Am Mühlenteich 1
57489 Drolshagen
Tel. 02761/97 01 81
www.drolshagen-marketing.de

Mit Unterstützung der NRW-Stiftung konnte der Lehrpfad wiederhergestellt werden.

10 GASTHOF BONE

Es war ein verheerender Brand, der im Mai 1838 alles vernichtete, was innerhalb der Drolshagener Stadtmauern lag. Beim anschließenden Wiederaufbau bekam das bis dahin mittelalterlich verwinkelte Ortsbild einen klaren Grundriss in klassischer Regelmäßigkeit. Die Eheleute Matthäus und Elisabeth Bone errichteten in der jetzt entstandenen Annostraße ihre Gastwirtschaft, die von da an 153 Jahre lang der Bevölkerung offenstand. Der Gasthof ist das Elternhaus des Pädagogen Heinrich Bone (1813–1893), der als Erneuerer des katholischen Kirchenliedes im 19. Jahrhundert und als Schulbuchautor („Deutsches Lesebuch") bekannt wurde.

Im Jahr 1993 erwarb der Heimatverein für das Drolshagener Land den heruntergekommenen Gasthof Bone und renovierte ihn in den folgenden Jahren grundlegend. Im Oktober 1995 konnte das Haus als Heimathaus eingeweiht werden. Als Kultur- und Veranstaltungsort ermöglicht es dem Heimatverein Ausstellungen und ein reichhaltiges Bildungsprogramm.

Im Erdgeschoss ist die ehemalige Gastwirtschaft aus den 1950er-Jahren renoviert worden. Zusätzlich entstand anliegend ein gemütlicher Raum mit einem alten Ofen, Kassettendecke und Wandtäfelung. Auf der gleichen Ebene befindet sich die „Buchstube Heinrich Bone", die öffentliche Bücherei der katholischen Kirchengemeinde

Die Kinder- und Jugendbücherei im Heimathaus Drolshagen.

St. Clemens. Im Kellergeschoss befinden sich Brunnensaal und Gewölbekeller, die mit ihrem Feldsteinmauerwerk eine einmalige Atmosphäre bieten. Das Obergeschoss beherbergt neben der Hausmeisterwohnung auch eine Bibliothek und ein Fotoarchiv, in der Bücher, Dokumente und Bilder zur regionalen Geschichte zur Verfügung stehen. Das Dachgeschoss wurde im Jahr 2001/02 zu einem modernen Vortragssaal ausgebaut.

Informationen
Heimathaus
Annostraße 3
57489 Drolshage
www.heimatverein-drolshagen.de

Öffnungszeiten der Buchstube:
Mi & Fr 16-18 Uhr

Mithilfe der NRW-Stiftung konnte das Geburtshaus des Schriftstellers und Kirchenmusikers Heinrich Bone erworben, restauriert und damit für eine Nutzung als kulturelle Begegnungsstätte gesichert werden.

11 WENDENER HÜTTE

Eine Geschichte von Flinten und Sensen: In Wenden im Kreis Olpe liegt ein Musterbeispiel für die Eisenproduktion und die Eisenverarbeitung aus der Zeit der Frühindustrialisierung verborgen. Flintenläufe, Messer, Sensen und Federn wurden dort unter großer Hitze von den Arbeitern im Schweiße ihres Angesichts im wasserbetriebenen Werk gehämmert und geformt. Gebaut haben die Hütte die beiden saynischen Hüttengewerker Peter und Johannes Ermert, denen 1728 unter der Regierung des Kölner Fürstbischofs Clemens August erlaubt wurde, eine solche Eisenhütte zu betreiben. Ständige Erweiterungen und Umrüstungen hielten die Hütte stets auf dem neuesten technischen Stand. Die maschinelle Ausstattung des Eisenwerks galt damals entsprechend als besonders hochwertig. Der Bau der Eisenbahnlinie von Siegen nach Hagen durch das weit entfernte Lennetal beendete die Konkurrenzfähigkeit der Hütte jedoch schlagartig. Zwar nahm sie 1855 noch an der In-

■ Mit Mitteln der NRW-Stiftung konnte das Holzkohlelager für das Museum erworben werden.

Die Wendener Hütte ist ein Symbol für die Blüte der Eisentechnologie im vorindustriellen Zeitalter.

dustrieausstellung in Paris teil, doch die Produktionszeit endete 1866. Die Hütte geriet in Vergessenheit.
Die Renaissance der Anlage begann im Jahre 1969, als ein Mitarbeiter des westfälischen Landeskonservators auf das Gebäudeensemble der Hütte samt dem auf dem Dachboden der ehemaligen Verwaltung aufbewahrten Hüttenarchiv stieß. Fortan galt die Anlage als Markstein der gewerblichen Entwicklung im südlichen Westfalen. Sie wurde ab Ende der 1970er-Jahre saniert und als „Technisches Kulturdenkmal" unter Denkmalschutz gestellt.
Heute ist der Museumsverein Wendener Hütte e.V. Träger dieses einzigartigen Denkmals. Die gesamte Anlage kann besichtigt werden. Das Gebäudeensemble der Wendener Hütte umfasst acht erhaltene historische Gebäude: Gewölbekeller aus dem 18. Jahrhundert, Wohnhaus, ehemaliger Pferdestall, Remise, Gießhalle mit Möllerboden und Hochofen, Dampfkesselhaus, Materiallager und Hammerwerk. Letzteres wurde durch die Hilfe des Westfälischen Freilichtmuseums Hagen als Reckhammerwerk rekonstruiert und ermöglicht regelmäßige Schmiedevorführungen.
Rund um das Gelände führt ein hüttengeschichtlicher Wanderweg von vier Kilometern Länge, auf dem geführte Wanderungen angeboten werden. Die Anlage ist in die „Straße der Arbeit" und in die regionale Route des europäischen Netzwerkes „Täler der Industriekultur" eingebunden, die die Spuren der frühen Industrie des Sauerlandes und des Bergischen Landes miteinander vernetzen.

Informationen
Hochofenstraße 6
57482 Wenden
Tel. 02761 / 81 401
Tel. 02761 / 81 752
www.wendener-huette.de

Öffnungszeiten:
April bis Oktober:
Di-So 15-18 Uhr
Von November bis März ist nur das Museum geöffnet:
Di-So 14-17 Uhr

Kinder
www.nrw-entdecken.de

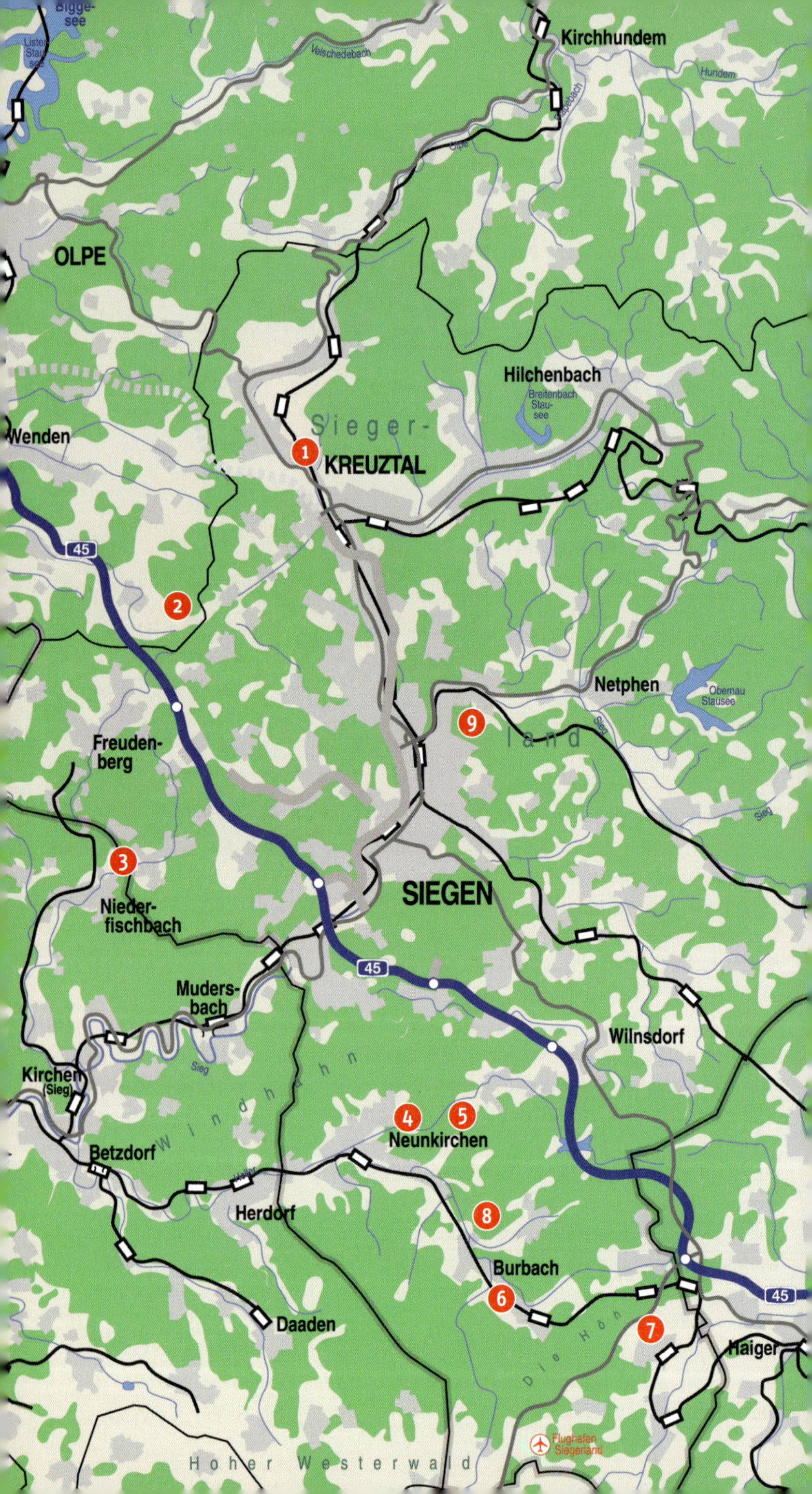

Bigge-see
Veischedebach
Kirchhundem
Hundem
OLPE
Hilchenbach
Breitenbach Stau-see
Sieger-land
1
KREUZTAL
Wenden
45
2
Netphen
Obernau Stausee
9
Sieg
Freuden-berg
3
Nieder-fischbach
SIEGEN
45
Muders-bach
Wilnsdorf
Kirchen (Sieg)
Sieg
Windhahn
4
5
Neunkirchen
Betzdorf
Herdorf
8
Burbach
6
7
45
Daaden
Die Höhe
Haiger
Flughafen Siegerland
Hoher Westerwald

RUND UM SIEGEN

VON RUBENS-FIGUREN UND PILZKÖPFEN

Was Henner und Frieder wohl denken, wenn sie auf ihr Siegen schauen? Die beiden lebensgroßen Bronzefiguren an der Siegbrücke symbolisieren die lange Tradition des Siegerlandes als Erzbergbauregion. Der Siegener Künstler Friedrich Reusch schuf die beiden Figuren – einen Hüttenmann und einen Bergmann – anlässlich einer Industrieausstellung im Jahre 1902. Die beiden Siegener Originale, die im Volksmund Henner und Frieder getauft wurden, mögen sich wundern über die rasante Entwicklung, die ihre Heimat in den vergangenen 100 Jahren genommen hat.

Siegen – Herz der Region Siegerland-Wittgenstein mit rund 100.000 Einwohnern – ist Universitätsstadt, Tagungsort und Zentrum für Wirt-

Bild oben:
Freudenberg im Siegerland liegt an der deutsch-niederländischen Ferienstraße Oranier-Route.

schaft und Kultur im südlichen Westfalen. Dabei reichen die Wurzeln der Stadt weit zurück ins Mittelalter. Bei einem Rundgang durch das Zentrum von Siegen reisen die Besucher durch fast 900 Jahre Stadtgeschichte.
Die Martinikirche ist der älteste noch erhaltene Kirchenbau in Siegen. Ihr heutiges Aussehen erhielt sie im Zuge von Umbaumaßnahmen zu Beginn des 16. Jahrhunderts, ein Fußbodenmosaik aus dem 10. Jahrhundert weist aber auf das wahre Alter der Kirche hin. Archäologische Funde deuten zudem darauf hin, dass dort, wo heute die Martinikirche steht, zuvor eine Kirche existierte, die bereits in fränkischer Zeit errichtet wurde.
Die Nikolaikirche in unmittelbarer Nachbarschaft zum historischen Rathaus Siegens wurde im 13. Jahrhundert erbaut. Die einstige Stadtkirche und Gruftkapelle der Grafen zu Nassau ist nicht nur wegen des sechseckigen Grundrisses ihres Zentralbaus erwähnenswert. Die Spitze ihres Kirchturmes trägt das eigentliche Wahrzeichen der Stadt: Seit 1658 schmückt das „Krönchen“, mit einem Durchmesser von 2,35 Metern eigentlich eine ausgewachsene Krone, die Spitze der Nikolaikirche. Johann Moritz zu Nassau-Siegen schenkte es der Stadt anlässlich seiner Erhebung in den Fürstenstand im Jahr 1652.
Johann Moritz war unter anderem Gouverneur von Niederländisch-Brasilien. Seine sterblichen Überreste und die seiner Familienangehörigen sind in der Fürstengruft im Unteren Schloss beigesetzt, das erst nach seinem Tod – zwischen 1695 und 1720 – als Residenz der evangelischen Fürsten zu Nassau-Siegen errichtet wurde.
Die katholischen Grafen des Hauses Nassau-Siegen hingegen hatten ihren Sitz in der Burg auf dem Siegberg. Das „Obere Schloss“, das urkundlich erstmals im Jahr 1259 erwähnt wird, beherbergt heute die Sammlungen des Siegerlandmuseums. Im Rubenssaal sind acht Originalgemälde des Barockmalers zu bewundern. Peter Paul Rubens, einer der bedeutendsten Künstler seiner Zeit, wurde in Siegen geboren.

Das „Krönchen“ schmückt die Spitze der Nikolaikirche.

Der Rubensbrunnen in der Anlage des Oberen Schlosses erinnert nicht nur an den großen Sohn der Stadt, sondern auch daran, dass der Ort seiner Geburt lange Zeit heftig umstritten war. Die drei Figuren, die sich um das Kind scharen, symbolisieren den Streit der drei Städte Antwerpen, Köln und Siegen um den Titel „Rubensgeburtsstadt“. Mittlerweile steht fest: Siegen ist der Gewinner. Sein Vater, ein reformierter Rechtsanwalt, war im Zuge der Religionsunruhen von Antwerpen nach Köln geflüchtet und stand, nachdem er des Ehebruchs mit der Gemahlin von Wilhelm von Oranien angeklagt war, in Siegen unter Hausarrest. Ein Jahr nach der Geburt von Peter Paul Rubens zog die Familie wieder nach Köln und nach dem Tod des Vaters weiter nach Antwerpen, wo Rubens 1598 in die Malergilde aufgenommen wurde. Der Rest ist (Kunst-) Geschichte.

Der Dicke Turm am Unteren Schloss in Siegen.

Auch im Museum für Gegenwartskunst weht der Geist Rubens. Werke aus dem Barock sind hier zwar nicht zu bewundern, dafür aber zeitgenössische Malerei, Fotografie, Videos und Installationen. Einen Schwerpunkt der Ausstellung bildet die Sammlung Lambrecht-Schadeberg: Sie zeigt Werke aller Künstler, die mit dem Rubens-Preis ausgezeichnet wurden. Er wird alle fünf Jahre von der Stadt Siegen an jene Künstler verliehen, die sich im europäischen Kunstschaffen durch ihr Lebenswerk einen Namen gemacht haben. Ein wichtiger Teil des Programms ist auch die Arbeit des in Siegen geborenen Fotokünstlers Bernd Becher und seiner Frau Hilla, die die Düsseldorfer Photoschule begründeten und durch ihre Schwarz-Weiß-Fotografien von Industrieanlagen und Werkshallen berühmt wurden.
Ein anderes Siegener Museum schaffte es sogar ins Guinnessbuch der Rekorde: In zwei privaten Räumen befindet sich auf nur 27 Quadratmetern das kleinste Beatlesmuseum der Welt.

Hauberg in Siegerland-Wittgenstein: Roter Fingerhut und Weidenröschen schmücken den Waldboden, bevor aus den Baumstümpfen von Birke und Eiche wieder eine dichte Baumschicht heranwächst.

1 HAUBERGKÖHLEREI

Hätten Sie Interesse, per Los einen Jahn zugesprochen zu bekommen, dort Holz zu räumen, mit Knipp und Schöwwel Lohe zu schälen und nach dem Verbrennen der Brasen und der Einsaat zu hoachen? Vielleicht wissen Sie gar nicht, wovon hier die Rede ist? – Wenn doch, kommen Sie wahrscheinlich aus dem Siegerland und sind mit der althergebrachten Waldnutzung im Rechtsrheinischen vertraut – so wie die Mitglieder der Waldgenossenschaft Fellinghausen in Kreuztal. Auf einer Fläche von 20 Hektar Größe bewirtschaften sie einen Niederwald heute wieder so, wie es einst ihre Vorfahren taten.

Das Prinzip der Haubergswirtschaft lässt sich am ehesten mit der Fruchtfolge auf einem Acker vergleichen, die bei geringem Energieeinsatz die Ertragskraft des Bodens sichert. Im Unterschied zum Acker, auf dem es bei jährlichem Wechsel der Anbaupflanze nach drei Jahren von vorn losgeht, dauert ein vollständiger Zyklus im Hauberg 20 Jahre. Er besteht aus einer Waldphase mit abschließender Holznutzung, einem ein- bis zweijährigen Getreideanbau und mehreren Jahren, in denen das Gebiet als Waldweide dient. Sogar Feuer kommt regelmäßig zum Einsatz. Dennoch hinterlassen die Siegerländer keineswegs „verbrannte Erde“, sondern – man höre und staune – wieder Wald!

Auch der Braune Eichenzipfelfalter (oben) und der Wachtelweizen-Scheckenfalter sind auf den Hauberg angewiesen.

Seit Jahrhunderten sind Waldbauern im Siegerland, so auch in Fellinghausen, genossenschaftlich organisiert. Alfred Becker, Forstdirektor im Ruhestand und Initiator des Fellinghäuser Historischen Haubergs, erklärt das Prinzip: „Der von uns bewirtschaftete Hauberg besteht aus 20 Parzellen. Jedes Jahr wird nur eine Parzelle beerntet. Sie wird dafür in Jähne unterteilt und diese Kleinteile werden traditionell zur Nutzung verlost. Einige ältere Bäume lassen wir stehen, denn die liefern Samennachschub, spenden Schatten und Frostschutz.“

Vom zeitigen Frühjahr bis in den Herbst gab und gibt es im Hauberg immer etwas zu tun. Wenn

im März der Schnee geschmolzen ist, schlägt man alle Laubhölzer bis auf die Eichen mit der Axt heraus. Sie bilden den Rohstoff für die Köhlerei, die früher den Holzkohle-Appetit der Siegerländer Eisenindustrie zu stillen hatte. Heute dient das Holz zum Heizen. Ein Meiler qualmt nur noch einmal jährlich in der Pfingstwoche – für Besucher ein unvergessliches Erlebnis.

Im Hauberg blieb nichts liegen. Trockene Zweige wurden zu Bündeln geschnürt und getrocknet. Diese „Schanzen" gaben einem Steinofen die perfekte Hitze zum Backen des würzigen Sauerteigbrotes. Bevor zu guter Letzt auch die Eichen geschlagen wurden, schälte man ihre Rinde mit dem löffelartig verbreiterten „Schöwwel" und ließ diese Eichenlohe am stehenden Baum trocknen. „Das ist ein Nischenprodukt, eine traditionsbewusste Trierer Gerberei kauft auch jetzt noch unsere gesamte Ernte", berichtet Becker. War dann alles Holz geräumt, zogen die Waldbauern welkes Laub, trockene Gras-„Brasen" und Reisig zusammen und zündeten

Meiler wie dieser qualmten einst überall im Siegerland, sie lieferten die Kohle für die Hochöfen. Bei Kreuztal ist die Köhlerei wieder zu sehen – alljährlich in der Pfingstwoche.

■ Die NRW-Stiftung unterstützte die Anlage eines Meilerplatzes und die Beschilderung des Waldgebietes, in dem die historische Haubergswirtschaft heute wieder betrieben wird.

alles an. In den oberflächlich gelockerten und mit der Asche gedüngten Boden säte man Getreide ein. Ging das Frühjahr gerade zu Ende, wählte man Buchweizen, im Siegerland Heidloff genannt. Er konnte noch im gleichen Herbst geerntet werden. Hatte das Räumen des Haubergs länger gedauert, brachte man im September Roggen aus und pflügte mit dem Hoach, einem Hakenpflug, eine dünne Schicht Erde über die Körner. Im nächsten Sommer reiften dann die Ähren, während zwischen den Halmen frisches Eichen- und Birkenlaub zu sehen war – die Stümpfe der Laubgehölze hatten wieder ausgeschlagen. Das Nebeneinander von hüfthohen Eichenbüschen und goldgelben Kornrittern, den zum Trocknen aufgesetzten Getreidebündeln, prägte das spätsommerliche Bild der Hauberge. Dann folgte eine mehrjährige Ruhephase für die Parzelle, so dass sich wieder ein niedriger Wald, eben „Niederwald", entwickelte. Erst wenn die Gehölze erneut hoch genug waren, ließ man Schafe, Schweine und Rinder im Hauberg ihr Futter suchen. Ein Hirte musste nur aufpassen, dass sie dabei nicht in die jüngeren Bestände

Die Luftaufnahme zeigt Hauberg-Schlagfluren bei Walpersdorf.

wechselten und die frischen Schösslinge fraßen. Unter dem Gebimmel ihrer Glocken trotteten die Tiere abends ins Dorf zurück und verteilten sich auf ihre Ställe.

Nur wenn gerade einmal so viel Holz geschlagen wird, wie im gleichen Zeitraum nachwächst, kann ein Hauberg mit seinem Wald-Feld-Weide-Kreislauf seit Jahrhunderten als nachhaltiges System bestehen. Es bescherte den Waldbauern noch nie Reichtum, aber es sicherte früher den jährlichen Bedarf an Brennstoff und Brotgetreide sowie ein bescheidenes Einkommen, und das über viele Generationen. Ausgedient hatten die Hauberge erst, als Eisenbahn, Steinkohle und Kunstdünger den Weg ins Siegerland fanden. Seither ging es mit der Köhlerei, der Waldweide und dem Zwischenanbau von Getreide bergab. „Wenn heute noch Roggen gesät wird, kommt er am Ende nicht mehr ins Brot, sondern in die Kirche, als Altarschmuck zu Erntedank“, sagt Becker nüchtern. Dennoch ist er optimistisch, dass die Haubergswirtschaft kleinflächig weiterleben kann, und er schmiedet bereits Pläne: „Wir haben hier nur einen ganz einfachen Schuppen für unser Werkzeug. Wir könnten eine größere, stabile Hütte mit Sitzgelegenheiten und Stromanschluss gebrauchen, dann hätten wir bei Regenwetter einen trockenen Platz und wir könnten dort auch Besuchergruppen empfangen.“ Zunächst bewegt ihn aber noch etwas anderes: „Der Niederwald funktioniert nur, weil immer wieder Jungwuchs hochkommt. Was die Bäume betrifft, mach ich mir da auch keine Sorgen, aber wenn ich mir unsere Gruppe so ansehe..., wir brauchen dringend Nachwuchs.“

Wer also Freude und Interesse an der Waldarbeit hat, nicht zu weit von Kreuztal entfernt wohnt und etwas Zeit mitbringt, ist herzlich willkommen. Die organisatorischen Voraussetzungen für neue Helfer will ein neuer Förderverein rasch schaffen und Routine im Umgang mit Knipp, Schöwwel und Hacke bekommt man ganz schnell.

Peter Fasel beim Schälen von Eichenlohe.

■ Informationen

Jedes Jahr gibt es in Kreuztal-Fellinghausen in der Pfingstwoche eine eindrucksvolle Demonstration der Haubergwirtschaft. Hier kann jeder selbst Hand anlegen, um die Arbeit des Loheschälens kennenzulernen oder aufzufrischen. Bei einer Wanderung informiert die Arbeitsgemeinschaft über den Siegerländer Wald und die heute weithin vergessene Tätigkeit, die früher vielerorts mit einem Lohefest abgeschlossen wurde.
www.hauberg.onlinehome.de

2 TECHNIKMUSEUM

■ In Freudenberg entstand mithilfe der NRW-Stiftung in einer großen Fachwerkscheune ein imposantes Technikmuseum.

„En Dampfmaschin, dat is ene jroße runde schwarze Raum“, so erklärte Lehrer Bömmel im Film „Die Feuerzangenbowle“ seinen Schülern das wichtigste Gerät der Industrialisierung. Noch bis ins Jahr 1972 stand eine solche Dampfmaschine in der Leimfabrik Nöll in Freudenberg. Die Fabrik ist mittlerweile geschlossen, doch die Anlage aus dem Jahr 1904 gibt es noch: Das Technikmuseum Freudenberg demonstriert mit ihrer Hilfe, wie eine Dampfmaschine wirklich aussieht und funktioniert.

Bis weit in das 20. Jahrhundert bestimmten zunächst Gerbereien, dann Leimsieder und Filz-

fabrikanten das wirtschaftliche Geschehen im sauerländischen Freudenberg. In der Blütezeit war Freudenberg mit jährlich 20.000 gegerbten Häuten einer der wichtigsten Standorte der Leder verarbeitenden Industrie, in deren Nähe Leimsieder und Filzfabrikanten Haut und Haare aus den Gerbereien weiterverarbeiteten.

Die Leimfabrik Nöll produzierte hier noch bis ins Jahr 1972 Hautleim mit ihren Maschinen, Pumpen und Ventilatoren, die von einer mächtigen Dampfmaschine angetrieben wurden. Dann musste auch sie die Tore schließen, und ein fast 100 Jahre währendes Kapitel der Wirtschaftsgeschichte in Freudenberg ging zu Ende. Das Fabrikgebäude wurde abgerissen, und nur

Der Verein der Freunde historischer Fahrzeuge Freudenberg e.V. hat dieses Technikmuseum in einer alten 800 Quadratmeter großen Fachwerkhalle in Freudenberg eröffnet.

die Dampfmaschine blieb stehen – zunächst im Freien, später versteckt in einer provisorischen Holzhütte.

Erst zur Jahrtausendwende bekam das als technisches Denkmal eingetragene Relikt ein neues Dach: Mit öffentlicher Unterstützung errichteten die „Freunde historischer Fahrzeuge Freudenberg e.V." um die Dampfmaschine herum ein neues Technikmuseum – mit dem restaurierten Antriebsgerät als Attraktion. Inzwischen treibt sie – in Bewegung versetzt von einem Elektromotor – über ein 65 Meter langes Transmissionsgestänge die funktionstüchtigen historischen Geräte einer mechanischen Werkstatt und einer Schreinerei an.

Daneben sind hier alte Lastkraftwagen und Traktoren, Zweiräder und landwirtschaftliche Geräte zu sehen, die von den Vereinsmitgliedern selbst restauriert werden. Und auch eine historische Klempnerwerkstatt gehört zum Technikmuseum Freudenberg und demonstriert die handwerkliche Arbeitswelt, den Erfinder- und Pioniergeist des vergangenen Jahrhunderts.

Informationen

Technikmuseum Freudenberg
Olper Straße 5a,
57258 Freudenberg
Tel. 02734 / 80 90
www.technikmuseum-freudenberg.de

Öffnungszeiten:
April bis Oktober:
So 10-18 Uhr
Für Besuchergruppen werden nach Absprache auch Führungen an anderen Tagen angeboten.

Kinder

www.nrw-entdecken.de

3 BOS HUS

Das Leben war oft nicht leicht in Niederndorf. Der kargen Mittelgebirgslandschaft zwischen Rothaargebirge und Westerwald rangen die Menschen über Jahrhunderte in mühevoller Arbeit Bodenschätze ab und waren nicht selten trotzdem bettelarm. Die schwarzen Holzbalken des Bos Hus wüssten viel zu erzählen von dieser Zeit. Seit dem 17. Jahrhundert thront das mächtige Fachwerkhaus in der Ortsmitte. Lange Zeit stand das denkmalgeschützte Gebäude fast unbeachtet an seinem Platz. Erst die Initiative des Vereins zur Erhaltung des Dorfbildes von Niederndorf hat dafür gesorgt, dass erneut Leben im Bos Hus einkehrt und die Ortsmitte wieder zum Ortsmittelpunkt wird.

Mittlerweile befinden sich in dem dreistöckigen Bau eine Gaststätte mit rustikalem Flair, eine historische Backstube und Versammlungsräume für den Verein, die für Vorträge und andere Veranstaltungen genutzt werden. Bis dahin war es allerdings ein weiter Weg, der mit vielen Stunden ehrenamtlicher Arbeit gepflastert war. Das Bos Hus wurde grundlegend restauriert. Das war nur der erste Schritt, denn dem Verein ging es

SEHENSWERT

Freilichtbühne

Was 1955 mit „Wandulf der Waldschmied" begann, hat sich mittlerweile zu einem bedeutenden Kulturträger in der Region Südwestfalen entwickelt. In dem Amateurtheater engagieren sich rund 100 Bürger Freudenbergs und umliegender Gemeinden im Alter zwischen fünf und 80 Jahren.

■ Informationen
Südwestfälische Freilichtbühne Freudenberg e.V.
Tel. 02734 / 48 96 99
www.freilichtbuehne-freudenberg.de

Informationen
Bos Hus
Niederndorfer Straße 60
57258 Freudenberg
(Niederndorf)

Der Backes ist bei Veranstaltungen des Vereins zur Erhaltung des Dorfbildes von Niederndorf zugänglich.

Das ehemalige Dorfschullehrerhaus Bos Hus in Freudenberg-Niederndorf wurde mithilfe der NRW-Stiftung als Heimatstube eingerichtet.

nicht nur um die Erhaltung der Bausubstanz, sondern ebenso um die des dörflichen Kulturlebens. So wurde die Gaststätte als Heimatstube eingerichtet, in der sich alle Niederndorfer wohlfühlen können, und es wurde ein Backes eingebaut, in dem die traditionelle Weise des Brotbackens demonstriert werden kann.
„Die Restaurierung damals war wie eine Initialzündung, da hat die Begeisterung bei allen zugenommen", sagt Dietmar Klose, Vorsitzender des Vereins zur Erhaltung des Dorfbildes von Niederndorf. Mit großem Erfolg wird das Projekt Bos Hus bis heute weitergeführt. Fortlaufend wird das Gebäude in Schuss gehalten – finanziert durch die Mieteinnahmen zweier Wohnungen im ersten und zweiten Obergeschoss – und mit der Zeit wurde ein neuer Backes eingebaut. Aber auch um das Bos Hus herum blühte das Dorfleben auf: Ein neuer Dorfplatz wurde gestaltet und eine schmucke Brunnenanlage installiert – erneut alles mit Spenden und viel Eigenleistung.

4 HAUS HENRICHS

Im Jahre 1752 wurde Salchendorf bis auf wenige Häuser durch Feuer zerstört. Den Flammen zum Opfer gefallen war auch das Haus des Johann Georg Henrichs am heutigen Hindenburgplatz. Weil zu jener Zeit durch die intensive Haubergswirtschaft das Eichenholz selten und kaum noch als Baumaterial vorhanden war, erwarb die damalige Besitzerfamilie Henrichs ein Fachwerkhaus im nahen Westerwald und baute es an alter Stelle wieder auf. In Einzelteilen wurde es mit Pferde- und Ochsenkarren nach Salchendorf transportiert und 1755 auf den Fundamenten des abgebrannten Hauses neu errichtet. Im Jahre 2001 konnte der Heimatverein von Salchendorf das Haus erwerben. In über 5000 Arbeitsstunden wurde es renoviert und dient seit 2004 als Begegnungsstätte des Heimatvereins. Hier starten zudem Exkursionen über den Bergmannspfad und zum Wodanstolln.

■ **Informationen**
Haus Henrichs
Hindenburgplatz 1
57290 Neunkirchen
Tel. 02736 / 603 26
www.neunkirchen-siegerland.de

■ Die NRW-Stiftung half bei der Instandsetzung und dem Ausbau von Haus Henrichs in Neunkirchen-Salchendorf.

5 WODANSTOLLN

Informationen
Wodanstolln
Arbachstr. 28
57290 Neunkirchen-Salchendorf,
Tel. 02735 / 32 64
www.neunkirchen-siegerland.de

Öffnungszeiten:
März bis November
jedes 1. Wochenende im Monat 14-16 Uhr
Ganzjährig nach Vereinbarung.

Information: Heimatverein Salchendorf, Amselweg 3, 57290 Neunkirchen,
Tel. 02735 / 32 64
(Gerhard Weyl)

Kinder
www.nrw-entdecken.de

Unscheinbar wirkt die massive Holztür zum Wodanstolln. Fast ein wenig versteckt liegt der Eingang ins unterirdische Labyrinth seitlich hinter dem roten Backsteingebäude, dem Zechenhaus. Nur die Hinweistafel oberhalb des Stollen-Eingangs lässt erahnen, dass sich dahinter ein bedeutendes und umfangreiches Erbe verbirgt.
Er diente zur Erzgewinnung, als Trinkwasserreservoir und als Luftschutzbunker im Zweiten Weltkrieg: der Wodanstolln in Neunkirchen-Salchendorf. Kaum ein anderer bergwerkkundlicher Lehrpfad illustriert so authentisch die Geschichte des Erzabbaus im Siegerland wie er. Das Schaubergwerk mit originalgetreu wiedererrichtetem Zechenhaus lädt seine Besucher auf eine äußerst spannende Zeitreise in die Welt „unter Tage“ ein.
Der Erzbergbau kann im Siegerland auf eine lange Geschichte zurückblicken: Etwa um 500 v. Chr. besiedelten Kelten die Region. Sie kamen vermutlich aus der fruchtbaren Wetterau und waren wohl vor allem am hier zutage tretenden Eisenerz interessiert. Die erfindungsreichen Kelten wussten nämlich schon sehr früh, wie man

Unterwegs im Wodanstolln mit dem Mitinitiator und ehemaligen Steiger aus dem Heimatverein Salchendorf, Gerhard Weyl.

Über-Kopf-Lader und Presslufthammer machten die Arbeit effektiver.

aus Erz Eisen gewinnt und aus Eisen Geräte und Waffen fertigt. Im Land um den Oberlauf der Sieg fanden sie Eisenerz in großer Menge und schier unerschöpfliche Wälder vor. Aus den Stämmen und Ästen der Bäume gewannen sie Holzkohle, die ihrerseits für die Verhüttung, das Schmelzen des Eisenerzes, erforderlich war.

Den Wodanstolln, eines von zirka 50 bekannten Stollenbergwerken in der „Gemarkung Salchendorf", legten Bergmänner 1732 an, nachdem bereits vorher in höher gelegenen Stollen die dort erreichbaren Gänge und Schächte nach oben abgebaut worden waren. Gegraben und gefördert wurde dort bis in die 1920er-Jahre, danach diente der rund 1,5 Kilometer lange Stollen als Trinkwasserreservoir. Im Zweiten Weltkrieg nutzte die Bevölkerung ihn als Luftschutzbunker.

Die Spuren der früheren Eisenindustrie sind im gesamten Siegerland und auch insbesondere in der etwa 1000 Hektar großen „Gemarkung Salchendorf" heute noch buchstäblich auf Schritt

■ In Neunkirchen-Salchendorf unterstützte die NRW-Stiftung den Ausbau des „Wodanstolln" zu einem 1,5 km langen Schaubergwerk.

und Tritt sichtbar. Ein vom Heimatverein Salchendorf in Kooperation mit dem Touristikverband Siegerland-Wittgenstein eingerichteter „Bergmannspfad", der über zirka acht Kilometer Länge mit Bild- und Text-Tafeln ausgestattet ist und am Wodanstolln endet, informiert anschaulich über die Erzbergbau-Geschichte im Siegerland.

Ab 1995 restaurierten fachkundige Heimatfreunde den Stollen als Schaubergwerk. Wenig später richteten sie zusammen mit Handwerkern das nebenstehende Zechenhaus, im Volksmund auch Berghäuschen genannt, originalgetreu wieder her. Die etwa eineinhalbstündige Führung zeigt die gesamte technische Brandbreite des Stollen-Vortriebs und des Erzabbaus, von den Ursprüngen mit „Schlägel und Eisen", in denen, je nach Gestein, pro Schicht nur zirka zwei bis fünf Zentimeter „Fortschritt" erzielt wurden, bis zur maschinellen Bohr-, Spreng- und Abraumtechnik des 20. Jahrhunderts.

Blick in einen Erzabbaustollen.

6 BESUCH IN BURBACH

„Alle Kunst ist der Freude gewidmet, und es gibt keine höhere und ernsthaftere Aufgabe, als die Menschen zu beglücken."

Friedrich von Schiller, „Die Braut von Messina", nachzulesen im Burbacher Heimhof-Theater

In den neun Ortsteilen der Gemeinde Burbach im südlichen Siegerland leben heute rund 15.000 Menschen inmitten einer schönen Landschaft, die geprägt ist von naturnahen Bächen, ausgedehnten Wäldern und Wiesen. Immer mehr Touristen entdecken diese dörfliche und naturnahe Idylle, in der sich ein funktionierendes Miteinander und enge nachbarschaftliche Verbindungen auch in einem vielfältigen Vereinsleben spiegeln. Mehrfach unterstützte die NRW-Stiftung den ehrenamtlichen Einsatz vieler Burbacher Vereinsmitglieder für die Geschichte, Kultur und Natur dieses interessanten Ortes im so genannten Dreiländereck. Gäste sollten sich bei einem Aufenthalt in Burbach etwa einen Besuch des liebevoll restaurierten Heimhof-Theaters nicht entgehen lassen, mit dessen originaler Einrichtung das Flair einer Veranstaltungsstätte aus den 1950er-Jahre lebendig geblieben ist. 1951 hatte sich auf dem Heimhof unter Schirmherrschaft der Dynamit Nobel AG ein Kulturkreis mit Werksangehörigen gebildet. Nachdem 1955 einer der Pferdeställe des Anwesens in Flammen aufging, konnte der Kulturkreis das Unternehmen dazu bewegen, diesen Gebäudeteil wieder aufzubauen – als Theater, komplett mit Foyer, Bühnenraum, Nebengebäuden und einem Zuschauerraum mit 250 Sitzplätzen. Fortan diente das Heimhof-Theater für Schauspiele, Konzerte und Filmvorführungen. Über viele Jahrzehnte

■ Informationen
Heimhof-Theater
Heimhofstraße 7A
57299 Burbach
Tel. 02736 / 50 96 850
www.heimhoftheater.de

lief der Betrieb gut, oft fanden auch überregional bekannte Künstler den Weg nach Burbach. Kurz nach seinem 50-jährigen Jubiläum 2001 stellte das Heimhof-Theater dann den Betrieb ein. Weil jedoch vieles aus den Anfangsjahren erhalten geblieben ist, stellte man die Räume der Spielstätte unter Denkmalschutz, und mithilfe des Fördervereins „Heimhof-Theater" gelang es, dem alten Theater neues Leben zu geben: Seit April 2010 ist es als Spielstätte wieder geöffnet.
Auch das Haus Herbig im Ortskern von Burbach erstrahlt heute in neuem Glanz, weil hier ehrenamtlicher Einsatz zum Erfolg führte: Die Mitglieder des „Heimatvereins Alte Vogtei" sanierten das Fachwerkhaus aus dem Jahr 1627 von Grund auf und nutzen Teile davon für Ausstellungen, um die Geschichte Burbachs zu dokumentieren. Erfahrungen mit solchen Denkmalprojekten hatten die Vereinsmitglieder schon vorher gemacht: So retteten sie die Alte Vogtei und auch die alte Zehntscheune vor der Abrissglocke. Im Haus Herbig ist heute unter anderem ein Archiv

Zum Gebäudekomplex Heimhof gehört auch das denkmalgeschützte Heimhof-Theater aus dem Jahr 1951, hier rechts im Bild.

■ Informationen

Haus Herbig
Heimatverein Alte Vogtei
Burbach e.V.
Postfach
57299 Burbach
www.alte-vogtei.de

Blick von der Bühne im Burbacher Heimhof Theater.

mit alten Zeitungen, Fotos und Literatur untergebracht. Es gibt in den Räumen zudem eine Ausstellung über die Geschichte und Technik des Buchdrucks. Bleischriften schlummern hier wohl sortiert in den Setzkästen. Daneben warten Setztisch und Druckstöcke auf ihren Einsatz und die Mitglieder des Vereins zeigen den Besuchern beispielsweise, wie Einladungskarten mit der alten Technik gedruckt werden. Gleich gegenüber befindet sich das frühere Hotel Dilthey, 1835 als Posthaltestelle eingerichtet und ebenfalls auf Anregung und mithilfe der Vereinsmitglieder restauriert. Es gibt dort Ausstellungen zur Landwirtschaft, und auch hier wird Besuchern auf einer Bleisatzmaschine das Handwerk des Druckens vorgeführt.

Ein weiteres Beispiel für das ehrenamtliche Engagement der Burbacher Vereine für die Denkmalpflege ist die Alte Schule im Ortsteil Holzhausen: Zwar werden hier schon lange keine Schüler mehr unterrichtet, aber die Alte Schule ist bis heute ein Lernort geblieben. In dem Fachwerkhaus von 1769 haben der Heimatverein Holzhausen e.V. und der Förderkreis Alte Schule ihre Anlaufstellen, in denen sie ein abwechslungsreiches Programm mit Ausstellungen, Ausflügen in die Umgebung und vielen Kursen anbieten.

■ In Burbach half die NRW-Stiftung bei der denkmalgerechten Restaurierung des Heimhoftheaters und bei Sanierungsmaßnahmen an Haus Herbig und Haus Dilthey. Außerdem konnte in Holzhausen mithilfe der NRW-Stiftung die Alte Schule instandgesetzt und zum Vereinssitz umgenutzt werden.

Der Heimatverein Alte Vogtei nutzt einen Teil der Räume von Haus Dilthey für Ausstellungen und Veranstaltungen.

Alte Schule in Burbach-Holzhausen.

Nicht ohne Grund bietet das ehemalige Klassenzimmer des Gebäudes heute auch einen Arbeitsraum samt Bibliothek zu Themen rund um den Natur- und Landschaftsschutz: Die Heimatvereine in Burbach arbeiten eng mit der Biologischen Station Erndtebrück zusammen. Gerade erst eröffneten sie einen „Wiesen-Informationsweg“ durch das Wetterbachtal, den die Heimatfreunde mit Unterstützung der Naturschützer anlegten. Bei Führungen mit Experten lernen die Teilnehmer etwa die verschiedenen Pilze am Rothaarsteig kennen, andere Veranstaltungen thematisieren den Boden- oder den Gewässerschutz. Aber auch hier kommt die Kultur nicht zu kurz: Regelmäßig finden in der Alten Schule Lesungen, Konzerte und Kreativkurse statt.

Informationen

Alte Schule Holzhausen
Zehnstück 6
57299 Burbach
www.heimatverein-holzhausen.de

7 WIESENLEHRPFAD WETTERBACHTAL

Trollblume, Wachtelkönig, Dunkler Ameisenbläuling, Bachforelle: Das Naturschutzgebiet Wetterbachtal bei Burbach-Holhausen bietet vielen seltenen Arten aus Flora und Fauna eine Heimat. Die Talaue zeichnet sich durch Wiesen, Weiden, feuchte Senken, naturnahe Bachabschnitte, Staudenfluren und Streuobstwiesen aus. Rund 88,4 Hektar des Gebietes stehen unter Naturschutz und entgehen so einer intensiveren Bewirtschaftung, welche die seltenen Tier- und Pflanzenarten gefährden könnte. Statt auf häufige Mahd oder Düngung setzt man hier auf alte bäuerliche Wirtschaftsformen, auf Heugewinnung und naturverträgliche Beweidung.

Das Ergebnis dieser traditionellen Grünlandnutzung kann sich sehen lassen: über 250 verschiedene Wiesenpflanzen, geschützte Vogelarten wie Braunkehlchen und Wiesenpieper, aber auch seltene Falter lassen sich mit Glück auf einer Wanderung durch das Wetterbachtal beobachten. Der so genannte „Wiesenlehrpfad" wurde dabei so zurückhaltend in das Naturschutzgebiet eingefügt, dass dessen Bewohner nicht gestört wer-

Spezielle Bildtafeln informieren Wanderer über die Besonderheiten des Wetterbachtals.

den. Der anderthalb Kilometer lange markierte Rundweg durchzieht den südwestlichen Teil des Tales. Start- und Zielpunkt einer jeden Wanderung ist dabei die „Alte Schule" – der Sitz des Heimatvereins Holzhausen. Im Wetterbachtal selbst erläutern an markanten Punkten Bildtafeln die jeweiligen ökologischen Bedingungen und Bewirtschaftungsweisen, etwa das Prinzip der so genannten Rieselwiesen – Zeugen einer Bewässerungstechnik, die noch bis ins 20. Jahrhundert üblich war und darauf basiert, dass die Gebiete regelmäßig vom nahen Wetterbach geflutet werden. So wurde der Boden mit Mineralien und Nährstoffen versorgt – und das Wetterbachtal letztlich zu dem, was es heute ist: ein kleines Paradies.

Informationen

Heimatverein
Holzhausen e.V.
Zehnstück 14
57299 Burbach
Tel. 02736 / 78 14,
www.heimatverein-holzhausen.de

Der Wiesen-Informationsweg konnte mit Unterstützung der NRW-Stiftung angelegt werden.

Auf dem Wiesen- und Magerrasen gedeihen Moorklee und Trollblume.

8 BUCHHELLER QUELLGEBIET

Wenige Gebiete in Nordrhein-Westfalen weisen ein vergleichbares Spektrum artenreicher Wiesen- und Magerrasen auf wie das „Buchheller Quellgebiet“ im Vogelschutzgebiet „Wälder und Wiesen bei Burbach und Neunkirchen“. Das rund 203 Hektar große Naturschutzgebiet – ein Teil der ehemaligen Viehweide von Lippe – liegt im Quellgebiet der Buchheller auf der Hochfläche des Hohen Westerwalds. Auf leicht sauren Böden gedeihen hier blütenbunte Pfeifengras-Streuwiesen, Feuchtwiesen und Goldhaferwiesen. Gesäumt von bunten Hochstaudenfluren, bilden beweidete lückige Borstgrasrasen und Magerweiden einen mosaikartigen Lebensraumkomplex.

Auf dem flachwelligen, schwach nach Nordosten geneigten Hochplateau überwiegen Moorböden und Pseudogleye, die schwankenden Wasserständen bzw. ständigem Wassereinfluss unterliegen. In flachen Mulden entspringen mehrere, meist von Quellfluren begleitete Quellbäche der Buchheller. Daran schließen sich mit größeren Flachmoorbereichen Teichschachtelhalm- und Seggengesellschaften an. Hier wachsen unter anderem Fieberklee, Schmalblättriges Wollgras und Sumpf-Blutauge, deren Bestände aber schon in den 1930er-Jahren deutlich reduziert wurden.

Diese einzigartige Pflanzenwelt ist Heimat zahlreicher gefährdeter Arten wie Skabiosen-Scheckenfalter, Schwarzblauem Bläuling, Wiesenpieper, Bekassine, Raubwürger, Schwarzkehlchen, Wachtelkönig, Neuntöter und Braunkehlchen. Deren Bestandssicherung und der Erhalt einer unverwechselbaren Landschaft sind Ziel der NRW-Stiftung, die durch Grundstückskäufe in diesem Gebiet die Voraussetzung für einen starken Naturschutz geschaffen hat. Als Treuhänder der Stiftung kann beispielsweise die Biologische Station bestimmen, wann und wie die Flächen bewirtschaftet und Pflegepläne umgesetzt werden.

Informationen

Biologische Station
Siegen-Wittgenstein
Hauptmühle 5
57339 Erndtebrück
Tel. 02753 / 59 83 30
www.biologische-station-siegen-wittgenstein.de

Die NRW-Stiftung hat große Bereiche des Naturschutzgebietes zum Schutz seltener Tiere und Pflanzen erworben.

9 BECKERSCH HUSS BÜRBACH

Bürbach liegt zwischen dem Rabenhain, dem Gallenberg und dem Giersberg, im Tal der Bürbach. Das Örtchen, das erstmalig 1311 urkundlich erwähnt wurde, ist seit 1966 ein Stadtteil von Siegen – und hat im Laufe der Zeit einen entsprechenden Wandel im Stadtbild durchlebt. Dass sich trotz aller „städtischen Einflüsse" Menschen und Ort nach wie vor ihren ländlichen Charakter und Charme bewahren und die jahrhundertealte Geschichte Bürbachs nicht in Vergessenheit gerät, dafür sorgt seit 1986 der „Verein für Bürbacher Ortsgeschichte und Heimatpflege", der aus der „Interessengemeinschaft Bürbacher Ortsgeschichte" hervorgegangen ist. Seine Ziele: die Pflege von Brauchtum, Traditionen und Dorfbild. Man beschloss bereits ein Jahr nach Vereinsgründung, ein eigenes Heimathaus nebst Museum und Ortsarchiv einzurichten.

In Siegen-Bürbach erwarb die NRW-Stiftung das älteste Bauwerk des Ortes aus dem 17. Jahrhundert, restaurierte es behutsam und stellte es für eine Nutzung als Heimatmuseum zur Verfügung.

Ein entsprechendes Haus war schnell gefunden – die Wahl fiel auf das so genannte „Beckersch Huss" an der Oberen Dorfstraße, das einstige Backhaus des Dorfes, das von Johannes Becker betreut wurde. Doch das um 1650 erbaute Fachwerkhaus befand sich in einem ausgesprochen desolaten Zustand, eine Instandsetzung erforderte nicht nur handwerkliches Geschick und Arbeitskraft, sondern auch finanzielle Mittel. Inzwischen wurde das Haus restauriert.

Das Ergebnis kann sich sehen lassen: Das „Beckersch Huss" ist wieder das, was es einmal war – ein Kleinod unter den Fachwerkhäusern. Insgesamt stehen dem Verein heute 216 Quadratmeter Nutzfläche zur Verfügung. Während der ausgebaute Dachboden vor allem als Archiv und Sitzungsraum genutzt wird, dient das

Das „Beckersch Huss“ an der Oberen Dorfstraße in Bürbach.

frühere Heulager heute als Mehrzweckraum für Feiern oder Ausstellungen.

Im Obergeschoss wiederum gewähren drei Räume, die in ihrer ursprünglichen Form erhalten wurden, Einblicke in die ländliche Wohnkultur nach 1900. Verschiedene Ausstellungsstücke zeugen von der wirtschaftlichen Entwicklung des Dorfes, in dem Ackerbau und Viehzucht ebenso eine Rolle spielten wie Haubergswirtschaft, Leinenweberei und Bergbau. Die alte Siegerländer Küche im Erdgeschoss schließlich ist das Herzstück des Hauses. Außerdem gehören ein alter Bauerngarten und eine Streuobstwiese zum Anwesen, und im einstigen Stall ist eine Spinn- und Webstube untergebracht. Besucher und natürlich die Bürbacher selbst finden hier reichlich Gelegenheit, Traditionen und Brauchtum dieses schönen Ortes kennenzulernen.

Informationen

Heimathaus Bürbach
Obere Dorfstraße 32
57074 Siegen
Tel. 0271 / 615 77

Öffnungszeiten:
Jeden ersten Sonntag im Monat von 14 bis 18 Uhr.
Gruppen nach Vereinbarung

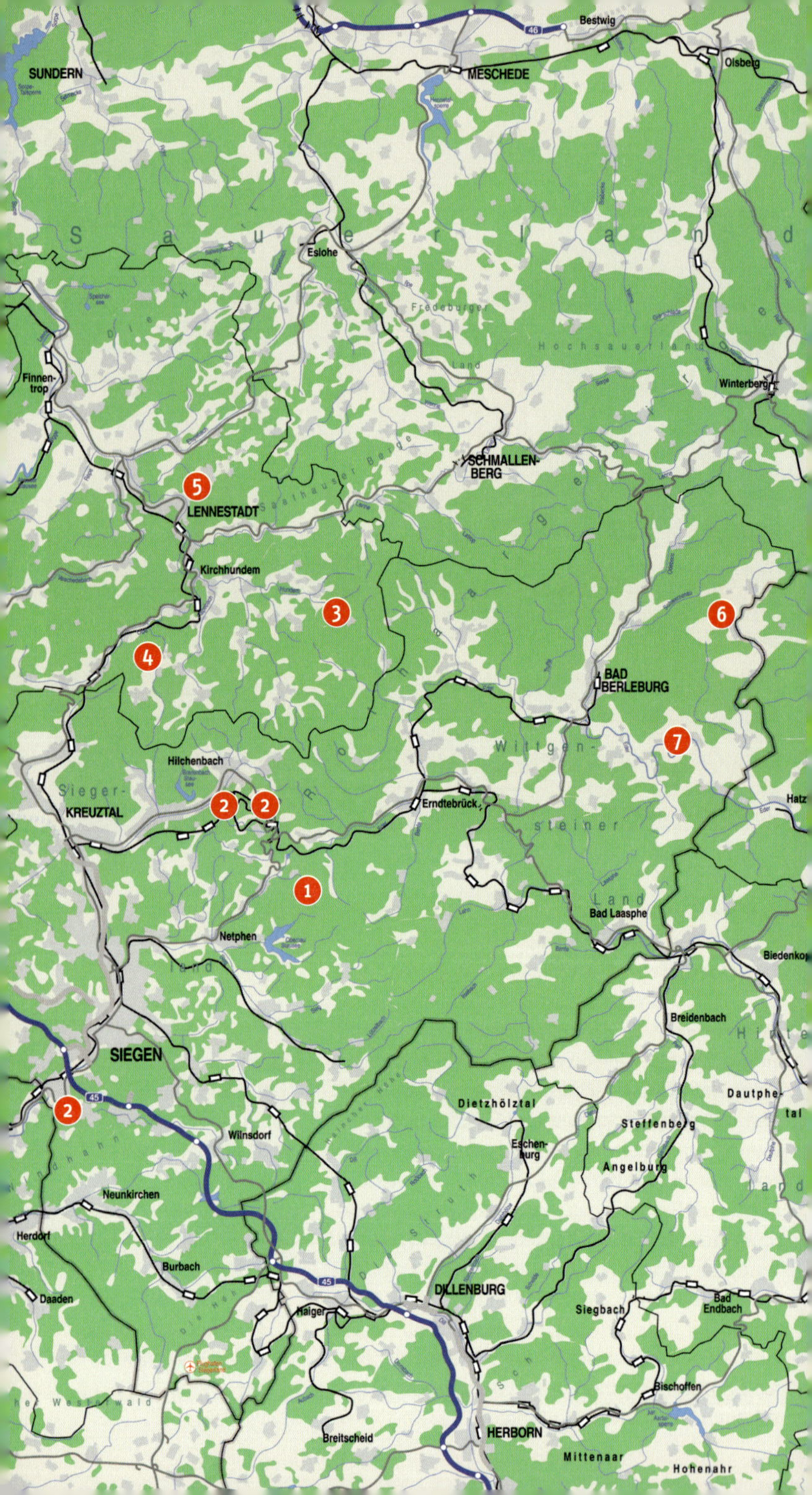

SUNDERN
Bestwig
MESCHEDE
Olsberg
Eslohe
Sauerland
Finnentrop
Winterberg
SCHMALLENBERG
LENNESTADT
Kirchhundem
BAD BERLEBURG
Hilchenbach
Siegerland
KREUZTAL
Erndtebrück
Wittgensteiner Land
Bad Laasphe
Hatz
Netphen
Biedenkopf
Breidenbach
SIEGEN
Dietzhölztal
Dautphetal
Wilnsdorf
Eschenburg
Steffenberg
Angelburg
Neunkirchen
Herdorf
Burbach
Daaden
DILLENBURG
Haiger
Siegbach
Bad Endbach
Bischoffen
Breitscheid
HERBORN
Mittenaar
Hohenahr
1
2
3
4
5
6
7
45
46

SÜDLICHES ROTHAARGEBIRGE

AUF DEM WEG DER SINNE

Der Kreis Siegen-Wittgenstein hat mit 70 Prozent seiner Fläche den höchsten Waldanteil in ganz Deutschland – diese schöne Landschaft gehört zum Rothaargebirge, dessen größter Teil in Nordrhein-Westfalen liegt. Auf bis zu 843 Meter erhebt sich das Mittelgebirge hier über dem Meeresspiegel und der Rothaarsteig, der auf einer Länge von 154 Kilometern von Brilon im Sauerland auf naturbelassenen Wegen und Waldwirtschaftspfaden über das Sauer- und Wittgensteiner Land weiter über den Rothaarkamm im Siegerland bis nach Dillenburg im Westerwald führt, gilt als einer der beliebtesten Fernwanderwege in Deutschland.

Der „Weg der Sinne“, wie der Rothaarsteig nicht zu Unrecht genannt wird, erschließt die schönsten Mittelgebirgslandschaften. Bergheiden, tiefe Wälder, kleine Flüsse und Bäche, schroffe Fels-

Bild oben:
Ein Erlebnis der Extraklasse bietet die 40 Meter lange, schwingende Hängebrücke in Kühhude.

Sonnenaufgang am Rothaarsteig.

formationen und die Quellen von Möhne, Ruhr, Sieg, Eder und Dill bilden die Kulisse für unvergessliche Naturerlebnisse, ganz gleich, ob der Wanderer zu einer Tagestour aufbricht oder in acht Etappen gleich die ganze Strecke in Angriff nimmt. Über 90 Zuwege ermöglichen den direkten und schnellen Einstieg von den zahlreichen Dörfern am Wegesrand. Entlang des touristisch hervorragend erschlossenen Wanderweges bieten sich zudem zahlreiche Übernachtungsmöglichkeiten bei qualitätsgeprüften Rothaarsteig-Gastgebern.

Wer auf dem Rothaarsteig unterwegs ist, wird zwangsläufig zum Grenzgänger: Denn das Rothaargebirge ist Wasser- und Klimascheide und bildet zudem eine wichtige Sprach- und Volkstumsgrenze. Dieses und noch viel mehr Wissenswertes – etwa über Flora und Fauna am Wegesrand – erfahren Wanderer unterwegs von

den Rothaarsteig-Rangern, die an ihrem typischen Rangerhut leicht zu erkennen sind und gerne Auskunft über den Weg und die Regionen erteilen.
Der Name des Rothaargebirges leitet sich übrigens von den Worten „Rodung“ und „Ha(a)rdt“ (Waldgebiet) ab. Die ausgedehnten Rodungen waren das Ergebnis der ungeregelten spätmittelalterlichen Waldnutzung. Überall rauchten die Meiler, in denen aus dem Holz von Buchen und Eichen Holzkohle für die Siegerländer Eisenindustrie hergestellt wurde.
Heute ist das Rothaargebirge im Südosten von Nordrhein-Westfalen längst wieder ein Waldland. Allerdings handelt es sich hierbei meist um eintönige ausgedehnte Fichtenforste, in denen nach „Kyrill“ jetzt große Lücken klaffen. Daneben gibt es aber auch noch prächtige Rotbuchenwälder, wie beispielsweise den Hainsimsen-Buchenwald „Grauhain“ zwischen Walpersdorf und Großenbach. Dort stehen über 150 Jahre alte Rotbuchen auf einer Fläche von 50 Hektar.
Für viele Wanderer und Touristen bildet die Stadt Bad Berleburg in Siegerland-Wittgenstein einen idealen Startpunkt. Darüber hinaus lassen sich der bekannte Kurort und seine idyllische Umgebung auf dem WaldSkulpturenWeg, dem Prädikats- und Premiumwanderweg „Wittgensteiner Schieferpfad“ oder der neuen „Via Adrina“ wandern. Die Heimat der Fürsten zu Sayn-Wittgenstein, am Südhang des Rothaargebirges im Wittgensteiner Ferienland und am Rothaarsteig gelegen, hat allerdings auch den Besuchern viel zu bieten, die ohne Wanderschuhe kommen.
Wahrzeichen Bad Berleburgs ist das Barockschloss der Fürstenfamilie, das mit seinen Parkanlagen im Mittelpunkt der historischen Altstadt liegt. Das Schlossmuseum zeigt anschaulich die Geschichte des Fürstenhauses zu Sayn-Wittgenstein-Berleburg, im angrenzenden Schlosspark mit seinem jahrhundertealten Baumbestand flanieren die Kurgäste. Denn Bad Berleburg genießt einen ausgezeichneten Ruf als Kneipp-Heilbad mit modernen Rehabilitationskliniken.

1 FORSTHAUS HOHENROTH

Früher machten hier nur Köhler, Waldarbeiter und Fuhrleute Halt, wenn sie das Rothaargebirge auf der Eisenstraße oder der Kohlenstraße durchquerten. Sie tränkten ihre Pferde und stärkten sich bei einer kurzen Rast. Heute treffen sich regelmäßig Naturfreunde im alten Forsthaus Hohenroth. Der Verein „Waldland Hohenroth" hat das schieferverkleidete Gebäude vor einigen Jahren zusammen mit dem Forstamt Hilchenbach zu einem Informationszentrum für Waldökologie, Naturschutz und Umweltpädagogik umgebaut.

Als Königliche Revierförsterei war Hohenroth bereits 1854 aktenkundig. Das heutige Forsthaus ist jedoch ein „Neubau" von 1910. Über viele Jahrzehnte diente es den Revierförstern als Amts- und Wohnsitz. Schon immer war Hohenroth auf 640 Meter Meereshöhe das höchstgelegene, dauerhaft bewohnte Haus im Siegerland,

quasi die Nr. 1 auf dem Siegerländer Treppchen. Da aber von der herausgehobenen Lage allein niemand leben kann, durften die Förster die umgebenden Flächen als sogenanntes Dienstland pachtfrei bewirtschaften. Der Mann im grünen Rock war Selbstversorger, denn der Weg zur nächsten Ortschaft war weit und beschwerlich. Das ist der Grund, weshalb ein Stall neben dem Wohnhaus stand. Hans-Joachim Krumnacker, der hier in den 1960er-Jahren einen Kollegen vertrat, erinnert sich noch, dass man seinerzeit die Kühe und Schweine im Wald weiden ließ. „Pastoren, Lehrer und Förster bekamen nur ein kleines Gehalt. Ohne Landwirtschaft und Pferde wären die überhaupt nicht über die Runden gekommen. Wenn Schnee lag, mussten die Kinder morgens im Pferdeschlitten zur Schule nach Walpersdorf gefahren werden, anders wäre es nicht gegangen."

Mit der forstlichen Neuorganisation von 1995 verwaiste das Haus, es wurde zunehmend still in

Stets gut besucht sind die geführten naturkundlichen Wanderungen.

Hohenroth. Die Waldfreunde im Verein „Waldland Hohenroth“ suchten deshalb nach einer Möglichkeit, wie man das idyllisch gelegene Haus weiter nutzen könnte. Eine Reise nach Skandinavien brachte die Inspiration: Warum nicht ein Wald-Informationszentrum nach finnischem Vorbild schaffen, wo sich Wanderer und Touristen über Natur und Forstwirtschaft informieren können und wo Führungen und Vorträge zu spezifischen Waldthemen angeboten werden? Gesagt, getan. Die zupackenden Waldfreunde warben Spenden und Fördermittel ein und renovierten das alte Forsthaus. In der ehemaligen Amtsstube wurde eine Infotheke aufgestellt, in den Wohnräumen entstand ein kleines Café, und in den gemütlichen Dachzimmern konnten Besucher übernachten. Schon im ersten Jahr überstieg die Nachfrage alle Erwartungen. „So etwas hatte in der Region offenbar gefehlt.“

In einer zweiten Phase wurde dann das Nebengebäude modernisiert. Dass dabei, wo nur immer möglich, die alten Steine und Hölzer erhalten wurden, versteht sich von selbst – ebenso, dass die Vereinsmitglieder selbst Hand anlegten. In einem knappen Jahr verwandelten sie den alten Stall in ein freundliches und moder-

nes, aber urgemütliches Ausstellungs- und Veranstaltungszentrum, das seit 2006 zwölf Monate im Jahr genutzt und von einem Förster des Forstamtes Hilchenbach geleitet wird. Wo früher Siegerländer Kühe ihr Heu verdauten, bekommen die Besucher heute anregende Vorträge serviert, zum Beispiel zur naturnahen Waldwirtschaft oder über die Flora und Fauna der Naturschutzgebiete im Rothaargebirge.
Stets gut besucht sind die geführten naturkundlichen Wanderungen ins Reich der Buchenwälder, Waldvögel und Pilze. Aber die Philosophie des Vereins ist umfassender. Manches kann man nicht lernen, sondern muss es erleben und wirken lassen, wie die Laubfärbung, die klare Luft und die Gerüche des Waldes. Wer nach Hause fährt, weiß, dass einen der schlichte Gesang der Tannenmeise in einem sonst vollkommen stillen Wald ganz anders berührt als jede Musik aus dem Lautsprecher.
Die Reize des Waldlandes kitzeln übrigens auch den Gaumen. Nach einer Herbstwanderung setzen sich die Teilnehmer der Veranstaltung „Wald, Wild und Wein“ zu einem selbstgekochten Fünf-Gänge-Menü und probieren dazu verschiedene Weine: Naturerlebnis à la Hohenroth.

Informationen
Waldinformationszentrum
Forsthaus Hohenroth
57250 Netphen
Tel. 02737 / 21 78 60
www.waldland-hohenroth.de

Kinder
- Familienführungen

www.nrw-entdecken.de

Mit Unterstützung der NRW-Stiftung wurde das ehemalige Stallgebäude zu einem naturkundlichen Informationszentrum umgebaut.

SEHENSWERT

Naturschutzgebiet Rothaarkamm
Die Stadt Bad Berleburg und die Gemeinde Erndtebrück „teilen“ sich dieses Naturschutzgebiet – ein zusammenhängendes Waldgebiet am zentralen Rothaarkamm, südlich der Grenze zum Hochsauerlandkreis und östlich der Grenze zum Kreis Olpe.
Das rund 3840 Hektar große Gebiet zeichnet sich durch seine artenreiche, teils gefährdete Flora und Fauna aus, insbesondere durch Hainsimsen-Buchen- und Moorwälder, Schluchtwälder, feuchte Hochstaudenfluren und Bergmähwiesen. Typisch für die Region sind auch die zahlreichen Quellen und Mittelgebirgsbäche. Wer hier unterwegs ist, kann mit etwas Glück Raufußkautz, Rotmilan, Schwarzstorch, Schwarzspecht und Grauspecht antreffen.

Informationen
Biologische Station Rothaargebirge
Hauptmühle 5
57339 Erndtebrück
Tel. 02753 / 59 83 30

Gute Aussichten gibt es im Siegerland viele – wie zum Beispiel hier vom Aussichtsturm auf dem Pfannenbergkopf.

2 DIE WEITEREN AUSSICHTEN

Sie sind ein nettes Etappenziel, in mindestens einer Hinsicht auch der Höhepunkt einer Wanderung – aber oft auch nicht viel mehr. Im Siegerland jedoch gibt es mehrere Aussichtstürme, die nicht nur Blicke in die Ferne erlauben, sondern auch interessante Blicke zurück in ihre Geschichte.

Der historisch interessanteste – auf jeden Fall für Gäste aus den Niederlanden – ist der Ginsburg-Turm bei Hilchenbach-Grund. Er fällt ein bisschen aus dem üblichen Rahmen dessen, was man heute unter Aussichtstürmen versteht. Denn er ist Teil einer mittelalterlichen Höhenburg, deren Sinn es ja unter anderem war, gut nach Feinden Ausschau halten zu können. Die Idee, ihn zum ausschließlich friedlichen Zwecke des Landschaftsgenusses zu nutzen, ist noch relativ jung.

Die aus dem 13. Jahrhundert stammende Ginsburg spielte hauptsächlich bei regionalen Fehden eine Rolle. Einmal jedoch wurde hier auch europäische Geschichte geschrieben: Von hier aus nahm 1568 der niederländische Befreiungskrieg gegen die Spanier seinen Ausgang: Wilhelm I. von Oranien-Nassau schmiedete hinter diesen dicken Mauern die Pläne für seinen Feldzug und sammelte seine Truppen rund um den Trutzbau. Deshalb ist die Ginsburg sozusagen ein National-Heiligtum der Niederländer – jedenfalls besuchen viele Urlauber aus dem Nachbarland die Burg und schauen sich die Ausstellung im Turm an.

Im 17. Jahrhundert war die Ginsburg zur Ruine verfallen. 1961 wurde sie vom Land NRW erworben und restauriert. Dabei entstand auch der auf dem Sockel errichtete, bergfriedähnliche Turm, der den Besuchern einen hervorragenden Panoramablick in das Siegerland bietet.

Einen solchen Blick haben Wanderer auch vom Pfannenbergturm zwischen Siegen-Eiserfeld und Neunkirchen-Salchendorf. Seine Geschichte ist aber eine komplett andere, das sieht

Informationen

Die Ginsburg liegt im Hilchenbacher Stadtteil Grund, der Gillerturm auf dem Giller, westlich von Hilchenbach-Lützel. Der Pfannenbergturm befindet sich auf dem Pfannenberg in Siegen.

Sauerländischer Gebirgsverein Bezirk Siegerland, Tel. 02732 / 29 66 www.sgv-siegerland.de.
Ginsburg:
Tourist-Info Hilchenbach, Tel. 02733 / 28 81 33 www.hilchenbach.de

Die NRW-Stiftung unterstützte die Instandsetzung und den Innenausbau des Bergfrieds der Ginsburg in Hilchenbach-Grund und half bei der Restaurierung des Aussichtsturms auf dem Pfannenbergkopf.

man ihm auch direkt an: Nicht aus Stein, sondern aus Stahl ist er gebaut. Er lässt sich ausschließlich wandernd erreichen. Und zwar am besten auf dem Bergbaupfad, der in Salchendorf beginnt. Die Wanderroute zeigt die Bedeutung und Geschichte des Bergbaus in Salchendorf, in dessen Gemarkung sich nachweislich zwischen 1732 und 1962 über 40 Gruben befanden. Bis zu 25 waren gleichzeitig aktiv. Eine davon war die Erzgrube „Pfannenberger Einigkeit", einst die tiefste Eisenerzgrube Europas. 1927 jedoch stürzte der Schacht ein, und man beließ es dabei. Als es an den Abbruch der Tagesanlagen ging, regte sich Bürgerprotest: Zumindest den Förderturm wollte man erhalten. Was dann folgte, war auch im Wortsinne ein Kraftakt. Der 20 Meter hohe und rund 13 Tonnen schwere Turm wurde zerlegt und auf den Gipfel des Pfannenbergs geschafft, wo er als Aussichtsturm bis heute gute Dienste leistet. Seit einer Grund-Sanierung steht der Turm wieder sicher. In den Jahren zuvor musste der Pfannenbergturm immer mal wieder gesperrt werden, weil der Rost dem rund 100 Jahre alten Stahlstrebengerüst stark zugesetzt hatte.

Aussichtsturm auf dem Pfannenbergkopf.

Der Gillerturm schließlich sieht dem alten Fördergerüst aus der Ferne betrachtet ziemlich ähnlich. Er steht auf dem 653 Meter hohen Giller, der sich direkt westlich von Lützel erhebt, einem Stadtteil von Hilchenbach. Manchmal wird er mit dem Eiffelturm verglichen, was einerseits ein bisschen kühn ist. Andererseits ist das Grundprinzip des Baus jedoch sehr ähnlich, und er ist lediglich drei Jahre jünger als das Wahrzeichen von Paris.

Gebaut hat ihn die Hilchenbacher Abteilung des Sauerländischen Gebirgsvereins, und es war fast ihre erste Amtshandlung: Gründung 1891, Turm errichtet 1892. Er befindet sich direkt auf dem wenig bewaldeten Berggipfel und bietet einen herrlichen Fernblick bis zum Siebengebirge und weit ins Wittgensteiner und Olper Land hinein. Umfassend saniert wurde er zuletzt im Jahre 2004. Schon zuvor waren aber immer wieder aufwändige Wartungsarbeiten nötig – noch so eine Gemeinsamkeit mit dem Pariser Eiffelturm, den ebenfalls längst der Rost zerfressen hätte, würde er nicht ständig ausgebessert und frisch gestrichen.

Informationen
Pfannenbergturm
www.sgv-siegerland.de

Kinder
www.nrw-entdecken.de

3 RHEIN-WESER-TURM

■ Informationen
Rhein-Weser-Turm 2
57399 Kirchhundem
Tel. 02723 / 72 242
www.rhein-weser-turm.de

■ In Kirchhundem-Oberhundem beteiligte sich die NRW-Stiftung an der Sanierung des Rhein-Weser-Aussichtsturms auf dem Westerberg.

Sie hatten eigentlich an eine Schutzhütte für Wanderer und Forstarbeiter gedacht – jene 13 Männer aus der Umgebung von Kirchhundem, die sich 1932 zusammensetzten, um ihre Idee zu verwirklichen. Aus der Hütte allerdings wurde gleich ein ganzer Turm. 24 Meter hoch, mit einem massiven Sockel aus Porphyrgestein und einer Primärkonstruktion aus Fichtenstämmen. Acht Etagen, 113 Stufen – wer die meisterte, den erwartete so nahe dem Westerberg und der Rhein-Weser-Wasserscheide ein fantastischer Blick über das Rothaargebirge.
Daran hat sich bis heute nichts geändert, auch wenn der Turm selbst eine wechselvolle Ge-

schichte erlebte: So wurde er etwa im Zweiten Weltkrieg von amerikanischen Streitkräften erobert, zum Beobachtungsposten umfunktioniert und stark beschädigt.
Den Menschen aus der näheren Umgebung ist es zu verdanken, dass es den Turm auch heute noch gibt. Sie brachten im Laufe der Jahrzehnte immer wieder das Geld für dessen Erhalt und für dringende Renovierungsarbeiten auf. Zuletzt vor wenigen Jahren: Damals erhielt der Turm unter anderem eine komplette Kupferverkleidung und 60 neue Stufen. Und so können auch heute noch, nicht anders als zu Beginn der 1930er-Jahre, Wanderer am Rhein-Weser-Turm zu einer Jause einkehren, dort übernachten und vor allem: den herrlichen Blick genießen.

„(…) ein Turm gebaut aus Fichtenholz. Gegründet steht er fest in Stein, um für die Ewigkeit zu sein. Rhein-Weser-Turm ein jeder Gast findet bei dir noch Ruh und Rast.“

Das Lied vom Rhein-Weser-Turm

4 GUTSHOF SCHRABBEN

Informationen
Gut Schrabben
57399 Kirchhundem-Silberg

Nach Absprache mit dem Heimat- und Backesverein Silberg können Hof und Speicher besichtigt und die Funktionsweise des Ofens demonstriert werden. Anfragen können an den Vereinsvorsitzenden Rolf Amzehnhoff gerichtet werden.
Tel. 02764 / 78 08
www.silberg-varste.com/backes/backes.htm

Glühend heiß ist der steinerne Backofen, nachdem von dem Reisigfeuer nur noch Reste übrig sind. Rasch wird die Glut herausgeholt und das Brot hineingelegt – und schon nach kurzer Zeit erfüllt ein herrlicher Duft das alte Backhaus von Gut Schrabben. Bauernbrot nennt sich vieles, was in Bäckereien feilgeboten wird. Aber nur wer an einem historischen Backofen – wie es ihn in Silberg gibt – gestanden und das Erzeugnis verkostet hat, der weiß, wie Bauernbrot wirklich schmecken sollte.

Bis ins Spätmittelalter lässt sich der Hof, der Pachtgut der Vögte von Elspe war, in dem 1383 erstmals erwähnten Örtchen nahe dem Rothaargebirge nachweisen. Das ursprünglich als Speicher genutzte Fachwerkgebäude, das auf einem kleinen Hügel steht, wurde Mitte des 18. Jahrhunderts auf ein vermutlich wesentlich älteres Sockelgeschoss aus mächtigen Bruchsteinmau-

Der Bobbycar-Club von Kirchhundem nutzt das Gelände von Gut Schrabben für seine eigene Vorstellung von „heißen Öfen".

ern aufgesetzt, der Backofen nachträglich eingebaut. Ausfachungen mit Lehmflechtwerk, Bodenbeläge aus Stampflehm und Ziegel geben in dem Backhaus einen guten Einblick in die damalige Bauweise. Aufschlussreich sind auch die teilweise von Ruß geschwärzten Wände, die darauf hindeuten, dass das Gebäude einst als Räucherkammer diente.

Wie so viele historische Höfe war allerdings auch das denkmalgeschützte Gut Schrabben trotz seiner Lage im Zentrum des mit 467 Einwohnern sehr beschaulichen Silberg lange nicht in bestem Zustand.

Der BobbyCarClub Deutschland brachte den Hof jedoch in den letzten Jahren auf Vordermann. Einer der Jahreshöhepunkte ist stets der „Große Preis von Silbergstone": Mit getunten Renn-Bobbycars rasen die Piloten dann mit bis zu 70 km/h gen Tal. Nicht nur, dass der Sport mit den kleinen Plastik-Wagen in Silberg erfunden wurde – hier hat mittlerweile auch der deutsche Verband seinen Sitz.

■ Mithilfe der NRW-Stiftung wurden Restaurierungs- und Sanierungsarbeiten am Haupthaus des Guthofs Schrabben in Kirchhundem durchgeführt.

In traditioneller Bergmannskluft führen Vereinsmitglieder durch die Ausstellung.

5 SCHACHTANLAGE SICILIA

Am Siciliaschacht geht die Werksuhr auf die Minute genau. Und das, obwohl Steinewerfer die Uhr – und auch die meisten Fenster – gleich nach der Schließung der Grube vor ein paar Jahren zerstört hatten. Aber der über 80-jährige Maschinenbetriebsführer Josef Hennes baute das Uhrwerk in präziser Handarbeit wieder auf und brachte es am Haupteingang pünktlich zur Eröffnung von Bergbaudenkmal und Informationszentrum wieder zum Ticken: Noch bis 1992 hatten Bergleute und Aufbereiter im Siciliaschacht Metallerz abgebaut und zu Zink-, Blei- und Pyritkonzentraten angereichert. Manch einer wollte das Kapitel Bergbaugeschichte danach abschließen, und nicht alle ehemaligen Mitarbeiter der Firma Sachtleben in den sauerländischen Örtchen Meggen und Halberbracht waren sofort begeistert, als einige ihrer Mitbürger aus der Schachtanlage Sicilia ein Denkmal machen wollten.

Der Meggener Heimatverein setzte sich erfolgreich dafür ein, das Fördergerüst und die Fördermaschinen als Technikdenkmäler zu erhalten. 1997 wurde beides in die Denkmalliste von Lennestadt, wozu Meggen inzwischen gehört, eingetragen. Im Seitengebäude mit seinen Kompressoren für die Erzeugung von Druckluft fand die Grubenwarte ihren neuen Platz. Ein einziger Mann dirigierte von dieser Warte aus den Transportverkehr unter Tage und überwachte gleichzeitig Wetterführung und Wasserhaltung. Insgesamt 140 Jahre lang bauten in Meggen und Halberbracht Bergleute Erz ab. Von 1967 bis 1974 war der kleine sauerländische Ort Meggen sogar der größte Produzent von Zinkkonzentrat in Europa. Über viele Jahrzehnte hinweg wurde außerdem Schwerspat aus dem Berg geholt, den die Chemieindustrie weiter verarbeitete.

Heute steckt die neue Attraktion des Denkmals gleich links hinter dem grünen Werkstor: Es ist das neue Informationszentrum. Nicht nur der Bergbau in Meggen und Halberbracht, auch die

Informationen
Die Schachtanlage Sicilia und das Informationszentrum befinden sich nördlich von Meggen:
Siciliastr.
57368 Lennestadt-Meggen
Tel. 02721 / 814 34
www.bergbaumuseum-siciliaschacht.de

Öffnungszeiten:
Sa/So 14-17 Uhr
Führungen nach Vereinbarung

Kinder
www.nrw-entdecken.de

An der Schachtanlage Sicila in Lennestadt-Meggen wurden mithilfe der NRW-Stiftung ein Informationszentrum eingerichtet und zwei Bergbauwanderwege angelegt.

Die denkmalgeschützte Schachtanlage ist für Besucher geöffnet.

Erdgeschichte des Sauerlandes wird erläutert. Kein Witz: Wer weiß schon, dass das sauerländische Meggen vor 570 Millionen Jahren noch südlich des Äquators lag, in subtropischem Klima und an Korallenriffen? Natürlich haben auch die Bergleute ihren Platz in der Ausstellung: ihre Familien, ihre Lebensbedingungen, die oft mühsame und gefährliche Arbeit im Schacht. Ein Film über die Arbeit unter Tage macht die Fakten lebendig.

Zu den Bergbaudenkmälern in Lennestadt gehören noch zwei weitere Standorte: die Schautafel bei der katholischen Kirche in Halberbracht und das Eingangsportal zum Bermkestollen. Die Mitglieder des Fördervereins „Bergbaudenkmäler Lennestadt e.V." planen, die Stationen miteinander zu verbinden und einen Wanderweg durch 140 Jahre Meggener Bergbaugeschichte zu schaffen, vielleicht sogar mit einer neuen Multimediatechnik, die das Leben der Bergarbeiter noch präsenter machen könnte. Obwohl der Verein schon heute dafür sorgt, dass der Bergbau auch zehn Jahre nach Schließung der Schachtanlage Sicilia in Meggen lebendig geblieben ist.

6 HEIMATSTUBE DIEDENSHAUSEN

Kaffeekannen aus drei Jahrhunderten, intakte Webstühle und Werkzeuge zur Flachsverarbeitung oder die Werkstatt des letzten bekannten Schuhmachermeisters: In halbjährlich wechselnden Ausstellungen präsentiert die Heimatstube Diedenshausen das regionale Handwerk. Als herausragende Ausstellungsstücke werden hier der „Setzkeil von Diedenshausen“ aus der Jungsteinzeit und weitere Bodenfunde gezeigt. Schulklassen können die alten dörflichen Handwerke lernen: die Wollverarbeitung vom Scheren des Schafes über das Waschen, Kämmen und Färben der Wolle bis zu ihrem Verweben; das Schusterhandwerk vom Gerben des Leders über das Zuschneiden der Schnittmuster bis zur Herstellung des fertigen Schuhwerks.
Auch das „Löffelmachen“, die Holzbearbeitung zu Gebrauchsgegenständen wird hier präsentiert. Eine dauerhafte Ausstellung ist Kinderspielzeug aus Holz gewidmet, das seit etwa 1850 in Diedenshausen hergestellt wird. Schwerpunkt ist hier eine umfangreiche Sammlung von Schaukelpferden.
Daneben wurde dem größten Sohn des Dorfes, dem bedeutenden Staatstheoretiker Johannes Althusius (1563–1638), eine Gedenkstätte mit einer umfangreichen Sammlung an Originalwerken und Sekundärliteratur eingerichtet.

Informationen
Heimathaus Diedenshausen
Johannes-Althusius-Straße 6
57319 Bad Berleburg-Diedenshausen
www.diedenshausen.de

In Bad Berleburg-Diedenshausen half die NRW-Stiftung bei der Restaurierung eines kleinen Fachwerkhauses zur Umnutzung als Heimatstube.

7 BALD'SCHE SCHMIEDE

Es war im Jahr 1856, als der Schmied und Landwirt Johann Heinrich Bald an sein Backhaus eine Schmiede anbaute. Das Wasserrad trieb mit seinen 24 Schaufeln aus Metall die benötigten Geräte und Maschinen an. Die Kraftübertragung erfolgte – damals wie heute – auf ein Zahnradvorgelege. Bandsäge mit Fräse, Bohrständer und Schleifbock konnten einzeln zugeschaltet werden.

Bis 1976 war die Schmiede in Betrieb. Auf Initiative des Heimatvereins Arfeld übernahm die Stadt Bad Berleburg die Schmiede und eröffnete sie 1991 neu. Seitdem finden Vorführungen der Schmiedetechnik statt, die in der Wagnerei und Schmiede gefertigten handwerklichen und landwirtschaftlichen Gerätschaften können im Obergeschoss besichtigt werden.

Im Jahr 2004 wurde ein Anbau für den nach Originalzeichnungen nachgebauten „Arfelder Hammer" errichtet, der bereits im Jahre 1912 mit Wasserkraft ganz in der Nähe betrieben wurde. Der Backofen des Backhauses wird mehrmals jährlich zum Brot- oder auch Fleischwurstbacken genutzt.

■ **Informationen**
Bald'sche Schmiede
Arfetalstraße 13 a
57319 Bad Berleburg-Arfeld
Tel. 02755 / 218, 624 und 80 80

Öffnungszeiten:
April bis Oktober
jeder erste und dritte Samstag 10-12 Uhr

■ Mithilfe der NRW-Stiftung konnte durch die Erneuerung des Wasserrades in Bad Berleburg-Arfeld eine alte Schmiede wieder funktionstüchtig hergerichtet werden.

SEHENSWERT

Trafostation Amalienhütte

In dem 1924 errichteten Transformatorenhaus der ehemaligen Amalienhütte in Bad Laasphe sind nach wie vor zahlreiche der ursprünglichen elektrischen Anlagen erhalten und weitere, wie zum Beispiel ein seltenes „Kleeblattmessgerät" für Spannung, Stromstärke und Frequenz des zu messenden Wechselstroms aus dem Jahr 1913, ausgestellt.

Besuchern bietet sich in verschiedenen Experimenten die Möglichkeit, die Welt der Elektrizitätslehre auch in der Praxis zu erforschen. Am benachbarten Mühlenteich wird zudem die Geschichte des Wasserrades dokumentiert.

■ Informationen
Werksgelände Amalienhütte
57334 Bad Laasphe-Niederlaasphe
Tel. 02752 / 78 24
Öffnungszeiten:
März-September letzter Sonntag im Monat von 14-17 Uhr
Sonderführungen nach Anmeldung.
www.niederlaasphe.de

BILDNACHWEIS

- ABU Soest 28, 29, 30
- Altrogge, Diethard 174
- Archiv NRW-Stiftung 22, 46 l.u., 47 u., 62, 64
- Bußmann, Michael 6 u.r., 108, 112
- Dienst, Joachim 189
- Fasel, Peter 7 l., 140, 142, 143, 144, 145, 160
- Förderverein Heimhoftheater 156, 157, 158
- Fotofreunde Feudingen 172
- Fotolia 137, 138, 139
- Franke, Oliver 45, 169 (Tourismus NRW)
- Grawe, Frank 32
- Gustav-Lübcke-Museum 25
- Gut Schrabben 184
- Hegert, Bernd 6 o.r., 38, 39, 82, 83, 90, 91, 92, 94, 111, 120 li., 129 re.
- Heimatverein Suttrop e. V. 40, 41
- Höller, Thomas 5 l., 162, 164 o.
- Kirchheiner, Heinz 87
- Knigge, Mike 184
- Langemeier, Lars 14, 15, 16, 17, 21, 35, 36, 37, 47 o.r., 55, 56, 60, 61, 63, 68, 69, 70, 71, 73, 88, 89, 95, 96, 97, 113, 114, 115, 126, 127, 128, 161
- LIZ Möhnesee 18, 19, 20
- Löcken, Monika 134, 135
- Lutz, Peter 150
- Märkische Kulturstiftung 75, 100, 101, 102
- Märkische Museumseisenbahn e.V. 121
- Matzke-Hajek, Günter 57, 58, 59
- Mendener Stiftung Denkmal und Kultur 93, 129 li.
- MK Hoffe communication partners 170
- Sauerland Tourismus 11, 43, 44
- Sartor, Jürgen 165
- Scharf, Matthias 26
- Schmidt, Dieter 6 l.u., 84, 86
- Schmitz, Renate 5 re., 34, 46 re., 122, 123
- Schumacher-Vogel, Andrea 172
- Schützenbruderschaft St. Sebastian Balve 99
- Soestmarketing 12
- Stadt Lüdenscheid 105, 106, 107
- Stapelfeldt, Werner 6 o.l., 33, 53, 54, 74, 76, 78, 79, 80, 81, 116, 117, 118, 119, 120 u., 121, 154 li., 186, 188, 191
- Verein zur Erhaltung und Erneuerung des Dorfbildes Niederndorf e. V. 149
- Weimer, Tanja 171
- Westfälische Freilichtspiele e. V. Waldbühne Heessen 23, 24
- Wollschläger, Alexander 178
- Ziese, Stefan 7 r., 13, 48, 49, 50, 51, 65, 66, 130, 131, 132, 133, 146, 148, 151, 152, 153, 154 Mi., 155, 162, 163, 166, 167, 176, 180, 181